시대정신과 한국 대통령 리더십 덕목

시대정신과 한국 대통령 리더십 덕목

초판 1쇄 인쇄일_2013년 9월 23일
초판 1쇄 발행일_2013년 9월 27일

지은이_이종원
펴낸이_최길주

펴낸곳_도서출판 BG북갤러리
등록일자_2003년 11월 5일(제318-2003-00130호)
주소_서울시 영등포구 국회대로 72길 6 아크로폴리스 406호
전화_02)761-7005(代) | 팩스_02)761-7995
홈페이지_http://www.bookgallery.co.kr
E-mail_cgjpower@hanmail.net

ISBN 978-89-6495-056-2 03340

*저자와 협의에 의해 인지는 생략합니다.
*잘못된 책은 바꾸어 드립니다.
*책값은 뒤표지에 있습니다.

이 도서의 국립중앙도서관 출판시도서목록(CIP)은 e-CIP홈페이지
(http://www.nl.go.kr/ecip)와 국가자료공동목록시스템(http://www.nl.go.kr/kolisnet)에서 이용
하실 수 있습니다.(CIP제어번호 : CIP2013017731)

시대정신과 한국 대통령 리더십 덕목

- 이승만 대통령에서 이명박 대통령까지

이종원 지음

BG 북갤러리

국민으로부터 존경과 사랑을 받는 '대통령'을 기대한다

우리는 곳곳에서 리더십이라는 말을 쉽게 들을 수 있다. 리더십의 국어사전적 정의는 '무리를 다스리거나 이끌어 가는 지도자로서의 능력'이라 되어 있다. 동·서양의 석학들이 리더십에 대하여 다양하게 정의를 내리고 있지만 리더십이란 '조직의 목표 달성을 위해 조직 구성원이 자발적으로 참여하여 이를 달성하도록 유도하는 리더의 능력을 가리킨다'고 할 수 있다.

오늘날 이러한 리더십을 대표하는 직업을 가진 사람이 무척이나 많다. 그 중에서도 가장 리더십을 대표할 수 있는 사람을 고를 때 국가가 대통령에 의해서 통치·관리된다는 점을 고려한다면 국가 발전에 가장 많은 영향력을 미치는 개인은 두말할 나위 없이 '대통령'이다. 예로부터 지도자를 잘 뽑아 놓으면 그 나라의 국민생활이 안정된 반면, 지도자를 잘못 뽑으면 국민은 엄청난 고통을 당했다. 현대에도 그 나라를 대표하는 지도자의 리더십은 그 나라의 안정과 더 나은 발전을 위해서 대단히 중요하다.

세계 역사 속에서도 많은 왕과 대통령 등의 지도자들이 자국의 흥망성쇠를 좌지우지해 왔다. 그만큼 리더와 리더십은 인류 역사 발전의 원동력이 되고 있다. 어느 국가든 시련을 겪게 마련이고 그 시련을 어떻게 극복하느냐에 따라 국가의 흥망성쇠가 달라질 수 있다. 이때 가장 중요한 것이 대통령의 역할이라 할 수 있는데 한 국가의 명운을 좌우하는 대통령 리더십은 그래서 중요하다. 특히 우리나라는 권위주의적인 문화의 영향과 대통령 중심제 정부 하에서 대통령이 국가발전에 미치는 영향과 차지하는 비중은 가히 절대적이다.

대통령이라 함은 역할과 권한이 막강하여 국민생활과 직결된 중요한 제반 분야에서 정책 방향을 결정하고 집행을 책임지는 자리이다. 어떠한 유형의 대통령이 국가 운영을 하며 대통령이 어떤 시대정신 및 비전과 정책을 제시하느냐에 따라 국가 자원의 분배와 효율적인 활용에 영향을 미칠 수 있으며, 국가의 발전과 퇴보에도 결정적인 영향을 미친다고 할 수 있다.

리더십 하면 대통령 리더십을 빼놓을 수 없다. 대통령 리더십은 국가의 운명을 결정하는 데 대단히 큰 영향을 미친다. 대통령이 국민을 편안하게 하고 국가를 안정되게 이끌어 가기 위해서는 시대정신에 부합한 대통령 리더십 확립이 급선무이다.

　한국 대통령들에 대한 일반적인 시각은 부정적이다. 대한민국 건국 이래 현재까지 11명의 대통령을 배출하였지만 국민 대다수로부터 존경과 사랑을 받는 인물은 아직까지 없었다고 생각한다. 그것은 역대 대통령들의 임기 말에 시민봉기와 쿠데타 또는 자신과 측근 및 친인척 비리사건 등으로 얼룩져 있기 때문이다.

　임기 초기에 높은 지지도와 정통성을 확보한 대통령마저도 임기 말에는 낮은 지지도와 불미스러운 사건을 경험해 왔다. 건국의 아버지는 망명했고, 산업화의 리더는 시해 당했다. 산업화에서 민주화로 넘어가는 과도기의 두 대통령은 퇴임 후 실형을 선고받고 수감됐으며, 민주화의 중심이었던 두 거인은 부패 문제로 자식들을 감옥에 보내야 했다. 정경유착의 고리를 끊은 대통령은 스스로 목숨을 끊었다.

　우리나라 대통령과 관련한 한국의 역사는 우울하다고 할 수 있다. 반면 미국에서는 초대대통령 조지워싱턴의 생일인 2월 20일에 맞춰 매년 2월 셋째 월요일을 '대통령의 날(President's day)'로 지정해 공휴일화하고 있다. 그리고 미국 역사상 가장 위대한 대통령으로는 조지 워싱턴, 링컨, 프랭클린 루즈벨트, 케네디 대통령 등을 꼽고 있다.

정치는 '일'을 향한 지도자의 성의와 진정성 그리고 무엇보다도 국민의 느낌에 공감하는 능력과 경외심을 심어 주면서도 미움을 사지 않는 포용의 리더십이 필요하다. 이것은 어쩌면 지도자만의 의무가 아니라 우리 모두의 짐일는지도 모른다. 국익과 공약을 조화시키고 이상과 현실 사이에서 균형을 잡고 하늘과 땅을 동시에 보는 눈의 현명한 지도자는 그저 한 개인의 노력만으로는 이루어지지 않을 것이기 때문이다. 그런 리더십을 가능하게 하는 환경은 바로 우리 모두의 책임이라는 생각이다.

그러므로 단순한 인기도를 넘어서 국민들이 좋은 인격·사상, 도덕성, 시대정신 및 비전을 겸비하고 통합(소통)의 리더십을 갖춘 훌륭한 대통령을 선택한다면 정의와 공평이 넘치는 대한민국 건설을 앞당길 수 있을 것이다.

아직까지 한국은 미국과 달리 역대 한국 대통령이나 대통령이 되려는 후보자를 평가할 때 단순한 인기도가 아닌 그 기준이 되는 공식적인 대통령 평가방식이 국민들에게 익숙하지 않다. 따라서 많은 학자들 및 전문가들의 공동연구를 통해 공식적이며 일관된 대통령 평가방식을 만들 필요성이 제기된다. 아울러 현직 대통령은 전임 대통령들의 리더십 덕목을 살펴봄으로써 자신의 약점을 최대한 보완하고 장점을 최대한 활용한다면, 국정 수행을 보다 훌륭히 할 수 있을 뿐만 아니라 국민 대다수로부터 존경과 사랑을 받는 대통령으로 오랫동안 기억될 수 있을 것이다.

　필자는 끊임없이 국민과 소통하고, 시대정신에 조응하고, 국민 대다수로부터 존경과 사랑을 받는 훌륭한 대통령이 앞으로 나오길 기대하면서 제1장에서 역대 한국 대통령의 시대정신을 살펴보았으며, 제2장에서 대통령 리더십 덕목에 관한 고전이론과 한국의 최근 선행연구 이론 그리고 미국 학자들의 연구 등을 파악해 봄으로써 대통령 리더십 덕목으로 많이 선정한 덕목을 이론적 검토를 통해 대통령 리더십 덕목으로 도출하였다. 제3장에서 제10장까지는 도출된 7가지 대통령 리더십 덕목에 의해 상징적 국가원수였던 윤보선 대통령과 최규하 대통령을 제외한 역대 한국 대통령 리더십 덕목을 기존 문헌을 참조하여 분석하였으며, 제11장에서는 한국 대통령 선거에서 승리하기 위한 대통령 리더십 덕목을 살펴보았다.

2013년 8월 25일
북한산을 바라보면서
이종원

차례

제1장
시대정신

시대정신(時代精神, The spirit of the times)이란 한 시대의 사회에 널리 퍼져 그 시대를 지배하거나 특징짓는 정신이다. 즉, 한 시대의 문화적 소산에 공통되는 인간의 정신적인 태도나 양식(樣式) 또는 이념을 말한다. 시대정신은 한 시대를 집중적으로 반영하고 그 시대의 가장 핵심적인 요구와 과제를 의미하는 것이라 할 수 있으며, 어느 시대든 그 시대를 관통하는 시대정신이 있게 마련이다.

시대정신이라는 말은 독일의 J. G. 헤르더가 1769년에 맨 처음 사용했다고 하며, J. W. 괴테도 《파우스트》 속에서 이 말을 썼다. 시대정신을 역사의 과정과 결부시켜 그것을 개개의 인간정신을 넘어선 보편적 정신세계가 역사 속에서 자기를 전개시켜나가는 각 과정에서 취하는 형태로 본 것이 G. W. F. 헤겔이었다.

해방 이후 우리 사회의 시대정신은 크게 건국, 산업화, 민주화, 복지국가로 이어져 왔다. 이런 시대정신은 오늘의 대한민국을 성공적으로 일구었지만 그 한편에는 짙은 그늘을 만들어 냈다. 건국은 분단국가라는 역사적 명에를 남겼고, 고도성장을 이뤄낸 산업화 시기에는 그 이면에 억압 및 획일의 긴 고통이 있었다. 민주화 시대에도 경제·사회적 개혁을 제대로 성취하지는 못했다. 그럼에도 불구하고 시대정신은 여전히 한 사회가 나가야 할 사상적 지표로서의 상징성을 갖는다. 그런데 아무리 훌륭한 대통령 리더십 덕목을 많이 보유한 역대 대통령이나 대통령 후보자라 할지라도 시대적 요구와 과제를 의미한다고 할 수 있는 시대정신을 구현할 수 없다면 대통령직을 훌륭히 수행할 수 없거나 한국 대통령 선거에서 승리할 수 없기 때문에 먼저 역대 한국 대통령 시대정신을 간략하게 살펴보기로 한다.

이승만 대통령은 근대적 자주독립국가 수립을 주도하였다. 헌법을 비롯해서 신생국가의 기본 틀을 만든 한국은 건국과 동시에 서구의 자유민주주의체제를 도입하였으며, 입헌주의, 국민기본권, 보통평등선거, 복수정당 간 경쟁, 3권 분립 등이 헌법에 규정되었다. 이승만 대통령은 공산주의·좌파세력과의 대결 속에서 미국식 자유민주주의체제를 남한에 수립하는 데 누구보다 앞섰다. 즉, 국민들에게 있어서 민주주의 국가 건설과 함께 반공 세력을 없애고자 하였다.

박정희 대통령은 '잘살아 보세'라는 구호를 내걸고 새마을운동을 펼침으로써 국민들에게 우리나라가 앞으로 나아갈 길을 제시하고, 앞으로 어떻게 해야 하는지 비전을 제시하였다고 볼 수 있다. 이 새마을운동은 열렬한 반응을 불러 일으켰다. 새마을운동의 정신은 지금도 남아있으며, 이는 부산에서 서울과 개성, 신의주를 거쳐 핀란

드의 헬싱키까지 철도를 이용해 컨테이너를 수송하는 사업에도 인용되고 있다. 이와 더불어 조국 근대화와 수출만이 우리나라가 살길임을 강조해서 앞으로 나아 갈 방향을 설정하고 국민들에게 힘 있는 비전을 제시하였다고 할 수 있다. 이승만 대통령 시대의 시대정신이 한마디로 건국이었다면 박정희 대통령 시대의 시대정신은 조국 근대화라고 할 수 있다.

전두환 대통령은 뚜렷한 지도이념이나 통치철학 없이 10·26사건 이후 국정지도력의 공백상태가 생긴 시점에 쿠데타를 통해 등장한 과도기적 지도자라 할 수 있으나, 국민들에게 물가안정·경제 성장 및 대북정책의 일관성을 제시하여 친북좌경세력이 발붙일 틈을 허용하지 않았으며, 재임기간 동안 물가안정 및 경제 성장에 있어서는 눈에 띄는 결과를 가지고 왔다고 볼 수 있고 당시 대미수출의 흑자를 달성하였다.

1987년 6·29선언에 이어 제13대 대통령 선거는 16년 만에 국민의 직접투표에 의해 치러졌다. 이로 인해 선출된 노태우 대통령은 우리나라의 민주화의 가능성에 대한 국민의 높은 기대와 더불어 북방정책의 추진을 통한 통일 기반의 조성을 내세우며, 우리가 나아가야 할 방향에 대한 비전을 제시하였다. 노태우 대통령의 국정목표는 정치적 민주화, 경제민주화 그리고 북방외교 등 세 가지로 요약할 수 있다. 권위주의체제에서 민주주의체제로 이전하는 단계에서 주어진 시대적 과제는 당연히 정치적 민주화, 즉 시민권 및 절차적 민주주의의 제도화와 확립이었다. 그리고 성장 일변도 정책의 부작용으로 나타나고 있던 경제민주화 혹은 복지문제의 해결도 시대적 과제로 주어져 있었다. 이러한 점을 노태우 대통령 자신도 잘 인식하고 있었던 듯하다. 1988년 2월 25일 취임사에서 언급된 노 대통령의 국정목표는 크게 세 가지로 나눌 수 있다. 첫째 정치적 민주화, 둘째 분배에 중점을 둔 경제적 민주화, 셋째 북방정책이 그것이다.

김영삼 대통령은 30여 년 만의 민간인 출신 대통령으로서 문민정부에 알맞은 정치의 틀을 짜는 데 집권 초기의 목표를 두었다. 그는 '변화와 개혁'을 주창했다. 또한 나라 안팎의 급속한 환경변화 속에서 많은 과제를 안고 출범하였다. 출범 당시 세계는 역사상 유례를 찾아보기 힘든 빠른 변화를 겪고 있었으며, 각 분야에서 '개혁'이라는 시대정신이 주된 정책과제로 인식되어졌다. 이에 문민정부는 뜨거운 의욕을 가지고 국가 전반에 걸친 '개혁'을 시도하여 국민들이 앞으로 나아가야 할 방향을 설정할 수 있도록, 개혁을 통해 변화된 대한민국을 만들겠다는 비전을 제시하였다.

또한 경제 개혁에서 보여준 신경제 정책은 공정하고 투명한 경제질서 확립을 통한 경제정의 실현과 민간 주도형의 운용으로 자율과 창의성이 존중되는 경제구조를 확립하고 각종 제도의 혁신적인 개선으로 경제 효율성과 국제 경쟁력을 강화하여 살기 좋은 신한국을 건설 하자는 데 목표를 내걸어 나아가야 할 방향에 대한 비전을 제시하였다.

신한국 창조를 기치로 당당하게 출범했던 김영삼 문민정부는 군부잔재 해소, 금융실명제 실시, 세계화 정책 수립, 역사 바로 세우기 등 괄목할 만한 업적을 남겼다. 승부사적 기질과 권위적 여론 과시형 성향을 갖고 있었던 김영삼 대통령이 집권 초기에 절대적으로 우호적인 통치환경 속에서 특유의 추진력과 강력한 도덕성을 바탕으로 강력한 개혁 드라이브를 걸었기 때문에 가능했던 일이다. 하지만 사정개혁에만 매몰되어 개혁을 제도화시키지 못하고 충청–TK–PK로 구성된 선거연합이 해체되면서 '3김정치'의 지역주의가 부활되었다. 더구나 실험적–모험적–이상주의적 국정 관리로 인해 국정 운영이 총체적으로 실패하면서 급기야는 임기 말에 IMF 관리체제를 수용해야 하는 지경에 이르렀다.

IMF 경제위기 극복이라는 당면 과제를 안고 출범한 김대중 정부는 다양한 개혁 정책을 통하여 시장경제와 민주주의 병행발전이라는 국정목표를 가지고 있었으며, 이에 따른 각종 경제 개혁과 IT산업 기반의 벤처 중심의 투자 정책을 사용하였으며, 또한 출범 초기에 강력하게 추진한 공공부문 개혁 정책의 당위성과 필연성에 대하여 국민들은 적극적으로 지지를 보냈다. 이와 같이 개혁에 우호적인 조건 하에서 출범한 김대중 정부는 공공부문에 대하여 어느 때보다도 과감하게 그 영역을 축소하였으며, 경쟁과 효율 그리고 비용 등의 경제적 가치 지향적인 개념을 중심으로 공공 개혁을 추진하였다.

김대중 대통령의 대북정책은 '햇볕정책'이라 일컬어지는 과거 정권과는 전혀 다른 정책을 수행하였다. 물론 보수진영에서 '북한 퍼주기'라는 원색적인 발언을 들으면서도, 햇볕정책을 통하여 남북한의 화합에 노력하였다. 이는 역대 정권과는 다른 모험적인 정책이며, 결과적으로 김정일 북한 주석과 만나는 역사적인 사건이 일어났다. 이후 금강산 관광과 남북 경협 등 이전 정권에서는 찾아보기 힘든 전향적인 대북정책을 수행하였다. 김대중 대통령은 취임하면서 국민의 정부 3대 목표로 외환위기 극복과 경제 활성화, 남북관계 개선 그리고 민주주의의 진전을 내세웠다.

지방분권과 국가 균형발전은 노무현 대통령의 12대 국정과제로 설정될 정도였고, 노무현 대통령이 제시한 국가 균형발전과 복지의 확대, 참여 민주주의 등은 이제 진보와 보수를 막론하고 중요한 화두가 됐으며, 새로운 시대정신을 보여준 점에서 의미가 있다고 할 수 있다. 지역주의 타파와 복지 확대 등 새로운 사회적 의제를 제시한 측면에서 의미가 있지만 정책 집행 과정에서 세밀함이 부족해 한계를 보였으나 자유무역협정(FTA)의 추진과 지역 균형개발 정책은 이명박 정부도 계승할 만큼 시대적 화두를 던진 것으로 평가하고 있다. 노무현 정부가 강조한 철학적 기조는 견제와 균형이다. 이는 지역 간 균형발전, 정치시스템 내 견제와 균형, 동북아 내 새로운 균형형성, 경제성장과 분배의 균형 등의 국정목표에 암묵적으로 흐르는 철학적 지향이다.

이명박 대통령은 '보수와 실용'을 내세우며 집권하였으며 대통령 취임사에서 새로운 시대정신으로 개방·자율·창의를 제시하였다. 그런데 남북관계의 재정립을 내세운 대북 통일정책은 혼돈상태에 있었고, '선진 일류국가 건설'을 국정목표로 내세우고 경제발전을 추진하였는데 그 당시의 화두가 되어 시대정신으로 승화될 수 있는 단계로 발전되지는 못하였다고 할 수 있다. 이명박 대통령은 실용주의와 시장경제에 바탕을 둔 선진 일류국가 건설이라는 비전을 제시하였다.

어느 시대든 그 시대를 관통하는 시대정신이 있게 마련이다. 그렇다면 지금 우리는 어느 시대를 살고 있으며, 앞으로는 어떤 시대를 맞이하게 될까? 또 우리 사회는 어디에 서 있고 어디로 가야 하는가? 그리고 그에 맞는 시대정신은 과연 무엇일까?

한 시대를 발전시키고 이끌어가려면 그 시대를 지배하는 시대정신이 바탕을 이루어야 한다. 시대정신은 곧 국가와 국민을 결속시켜 힘차게 앞으로 나아갈 수 있게 하는 원동력이며 정신적 지표이다. G20 시대를 맞아 우리나라의 선진화를 이끌어 갈 진정한 시대정신이란 과연 무엇일까? 초기 유럽 산업혁명의 주도국이었던 G7 국가들이 오늘날까지 세계경제를 지배하고 있는 이면에는 서구 자본주의 정신이라고 하지만 사실은 '기독교 정신'이 흐르고 있었다. 기독교는 로마 가톨릭, 정교, 신교 등으로 유럽 전역의 시대정신을 이끌어 온 지 이미 오래되었다. 구약을 공유하는 유대교, 이슬람교 등을 포함하면 중동지역까지도 영향권이라고 할 수 있다.

초기 해양대국이었던 스페인과 포르투갈은 중남미 전역과 필리핀, 마카오 등 식민지에 가톨릭을 보급했으며, 프랑스 역시 산업화 이후 아프리카와 아시아 지역에 식민지를 건설하며 가톨릭을 보급했다. 영국은 산업혁명 이후 세계 곳곳에 식민지를 건설하며 개신교를 세계로 전파했다. 현재 기독교는 세계 인구의 약 3분의 1인 20억 명이 신봉하는 가장 영향력 있는 종교로 자리 잡았다.

기독교인들은 천국의 '좁은 문'으로 들어가는 선택된 소수가 되기를 바라는 과정에서 생기는 불안과 염려를 해소하기 위해 열정과 긍정적인 자아관을 가지고 치열한 경쟁을 하며 '도전정신'을 키웠다. 이러한 도전정신은 서구 자본가들의 정신적 바탕을 이루었다. 이처럼 기독교 정신에서 파생된 서구 자본주의 정신은 도전정신을 바탕으로 끊임없는 변화를 추구하며 혁신과 개혁으로 발전해 나가면서 '할 수 있다'에서 '무엇이든 한다'는 실용주의 정신으로까지 확대되었다.

다음으로 기독교인들은 어려서부터 한편의 대서사시인 '성경(Bible)'을 읽고 자라며 평생을 함께 하면서 '창조적 상상력'을 배양했다. 창의력과 상상력의 보고인 성경의 말씀에 따라 자연스럽게 정신적인 자율인이 되었던 것이다.

그뿐만이 아니다. 'Honesty is the best policy'라는 말이 있듯이, 서구 기독교 사회에서의 정직은 너무나 당연한 덕목이었고 '투명성'의 확보는 용이할 수밖에 없었다. 그래서 서구 기독교 국가들은 비교적 손쉽게 투명한 사회를 건설하고 선진국으로 발전할 수 있었다.

마지막으로 기독교인들은 사랑을 바탕으로 한 '섬김'을 실천했다. 기독교에서 강조하는 사랑은 이웃을 사랑하는 것으로부터 시작하여 섬김으로 발현되었다. 기독교 사회에서 사회봉사, 기부문화, 사회복지가 태동하고 발전된 것은 결코 우연의 일치가 아니며, 오랜 세월 동안 바탕에 자리 잡은 사랑을 통해 서로를 섬기는 정신이 당연시되어 왔기 때문이다.

기독교 정신이 아니더라도 국가나 민족에게는 그들만의 전통적인 정신이 있어, 혼연일체가 되고 발전적인 자긍심이 된다. 영국의 신사도 정신, 미국의 청교도 정신, 일본의 무사도 정신, 인도의 브라만과 같은 민족정신이 시대를 이끌고 지배 엘리트계층의 리더십이 되어 왔다.

그렇다면 우리나라는 시대정신이나 국가와 민족을 특징지을 만한 리더십이 없었을까? 그렇지 않다. 우리나라의 전통적인 지배 엘리트의 리더십으로는 신라의 화랑도, 고려의 국선도, 조선의 사대부(士大夫)가 있었다. 사대부를 대표하는 리더십이 바로 '선비정신'이다.

서구사회와 비교해 우리 지식인의 대표적인 특성으로 선비정신을 꼽을 수 있다. 국어사전을 보면 선비란 '학문을 닦는 사람을 예스럽게 이르는 말'이다. 하지만 선비라는 말에 담긴 의미는 이보다 훨씬 더 포괄적이다. 다시 사전을 보면 '선비란 학식이 있고, 행동과 예절이 바르며, 의리와 원칙을 지키고, 관직과 재물을 탐내지 않는 고결한 인품을 지닌 사람을 가리키는 말'이다. 여기서 주목할 것은 대의라는 가치를 지향하고 탈물질주의적인 생활을 추구하는 게 선비정신의 중핵을 이룬다는 점이다.

사회학자 막스 베버(Max Weber)는 중국의 종교를 분석한 《유교와 도교》에서 우리나라의 선비 집단과 유사한 문사계급을 주목한 바 있다. 문사계급은 유교사상으로부터 절대적인 영향을 받은 귀족적 지식인 계층이다. 그가 주목한 것은 문사계급이 갖고 있던 '군자불기(君子不器)'라는 유교의 군자이념이다. 군자불기에 담긴 의미는 고귀한 인간이란 자기 목적적이지 도구처럼 하나의 특수화된 사용 수단에 불과한 게 아니라는 데 있다.

이러한 유교의 군자이념은 자기완성의 윤리적 이상이라는 점에서 서구사회의 몰가치적 직업사상과는 근본적으로 대립하고, 결과적으로 직업에 필요한 전문적 권한의 함양을 방해하는 동시에 저지시킨다는 게 베버의 견해다. 이러한 주장은 바로 중국에는 왜 자본주의가 발달하지 않았는가에 대한 베버 논리의 핵심을 이뤘다.

현재의 관점에서 한 세기 전에 제시된 베버의 이러한 주장은 절반은 맞고 절반은 틀린 듯하다. 한편에서 문사계급의 군자이념은 근대 자본주의에 요구되는 직업정신과 상충했지만, 다른 한편에서 군자이념에 내재된 교육에 대한 강조는 한국·일본·중국 등 동아시아의 산업화에 큰 영향을 줬다. 그뿐만 아니라 문사계급의 유교사상과 정확히 짝하는 선비정신은 여전히 우리 사회에, 특히 지식사회에 적지 않은 영향을 미치고 있다.

우리 역사에서 이러한 선비정신의 기원은 멀리 한국 유학사상의 개척자인 통일신라시대 최치원과 같은 유학자에게까지 거슬러 올라간다. 하지만 통상적으로 선비정신의 출발은 고려 말로 소급된다. 당시 성리학이 도입되면서 본격적인 유학자 그룹이 등장했으며, 이들에 의해 선비정신이 자연스럽게 부각됐다.

평소에는 자기 수양과 학문 연구에 전념하지만, 때가 되면 과거시험을 통해 관리가 되어 군주를 섬기고 백성을 돌보려고 했던 이들이 다름 아닌 선비들이다. 이러한 선비정신을 구현한 관리를 지칭하는

데 쓰인 말이 바로 '청백리(淸白吏)'다. 청백리는 청렴·근검·도덕·경효·인의 등의 덕목과 관리수행 능력을 두루 갖춘 이상적인 관료상이었다(김호기, 2012 : 81-83).

조선시대 선비 중의 선비라고 할 수 있는 '참선비 정신'을 현대적인 의미로 해석하면 기독교정신이 근저가 된 서구 자본주의 정신과 의외로 많은 유사성에 놀랄 것이다. 이와 같은 조선시대 참선비 정신을 실천한 대표적인 인물이 조선의 개국공신 삼봉(三峰) 정도전(鄭道傳)이었다. 정도전은 1342년 충청북도 단양에서 태어났다. 아버지는 형부상서를 지낸 정운경이며, 어머니는 우연의 딸로 알려져 있다. 평생 정도전은 자신의 모계에 대해 곤욕을 치렀는데, 어머니가 노비 출신이라는 것이 그 이유였다. 단양 지방에 이와 연관된 전설이 있는 것으로 보아 정도전의 가계가 간단하지 않은 것은 분명해 보인다. 정도전은 1362년 진사시에 합격했으며, 곧이어 충주사록 등을 역임했다. 아버지와 이곡의 교유관계가 인연이 돼 정도전은 이곡의 아들 이색의 문하에서 공부했는데 정몽주, 이숭인, 이존오, 김구용, 박상충, 박의중, 윤소종 등과 함께 학문을 연마했다. 신진 성리학자들과 교유하면서 정도전은 자신의 학문적·정치적 야망을 서서히 키워나갔다.

'참선비 정신'은,

첫째, '농촌적 야성(野性)이 주는 신념을 바탕으로 한 도전성'이다.

대부분의 선비들은 식읍(食邑)을 유지하기 위해 보수적인 성향을 지녔고 변화를 두려워했지만, 참선비 정도전은 농촌적 야성이 주는 강한 신념을 바탕으로 도전과 변화를 두려워하지 않는 '참선비 정신'을 실천했다. 정도전은 성년이 된 후 9년의 세월을 유배지에서 어려운 시절을 보내는 과정에서 야성을 키우고 도전적 상황에 대한 응전 능력을 기르면서 강한 신념과 자아관이 형성되었다. 어떻게 보면 '농경사회의 CEO'라고도 할 수 있는 조선시대 선비들이 자신의 기득권을 유지하기 위해서 보수성향이 강했던 것에 비해, 경제적인 자립을 이루기 힘들었던 평민들에게는 '궁하면 통한다(窮則通)'는 긍정적 의식이 기저에 자리 잡고 있었다. 이러한 스스로의 체험을 통해 터득한 강한 신념은 '열정'으로 발현되었고 도전과 변화를 두려워하지 않고 '무엇이든 할 수 있다'는 실용주의 정신으로 승화되었다. 말하자면 일반 선비에게서 볼 수 없었던 '참선비 정신'의 농촌적 야성이 오히려 평민계층에게는 유전되어 오고 있었으며, 이것이 우리나라가 '한강의 기적'을 이룩하고 단기간에 '시장경제국가'로 성장할 수 있었던 원동력이 되었다고 볼 수 있다.

둘째, '주체성이 승화된 창조성'이다.

참선비 정도전은 매우 박학다식한 인물로 철학, 정치, 법률, 경제, 천문, 지리, 역사, 의학 등 여러 분야에 걸친 전문가였다. 그는 긴 유배생활 동안 '자연과 더불어 사는 삶'을 통해 창조적 상상력을 배양했다. 정도전은 이성계를 도와 새로운 나라를 건설하면서 국호를 BC 2333년 이 땅에 존재했던 우리의 고대국가 '고조선'에서 '조선'의 이름을 복원했다. 국호를 통해 역사적 정통성을 확보하는 동시에 우리의 주체성을 만천하에 알렸으며, 실제로도 요동 정벌을 추진하며 우리의 자주성과 주체성을 알리기 위해 노력했다. 우리가 과거 '도전정신'을 바탕으로 '산업사회'를 이룩했다면, 이제는 '창조적 상상력'을 바탕으로 한 '정보기술사회'로 진입하기 위해 노력해야 한다. '지식문화국가'는 민족의 고유성을 바탕으로 외국의 것을 융합시켜 우리의 것을 새로운 세계 표준으로 만들어 나가야 하며, 주체성과 창조적 상상력은 필수적이다.

셋째, '공사구분의 실천을 통한 투명성'이다.

전통적인 전제왕권국가가 민주화되는 과정에서 가장 확보하기 어려운 요소 중의 하나가 '투명성'이다. 가진 것이 거의 없었던 피지배계층에서 공사구분(公私區分)을 기대하기는 어려울 뿐 아니라, 선비들 역시 기득권을 유지하기 위해 공사구분이 모호하기 때문이다. 정도전은 이러한 점을 직시하며 공사구분이야말로 '참선비 정신'의 요체라고 보았다. 우리나라는 급속한 경제성장을 이룩하며 오직 앞만보고 달려오는 과정에서 공심(公心)이 결핍되었다. 그 때문에 극단적 이기주의와 개인의 이익을 위해 공공의 이익을 희생하는 이른바 '한국병'이 생겨나 비생산적인 사회적 소모전을 양산하고 있는 실정이다. 정당, 정부 각 부처, 노사, 이익집단 간의 극단적 이기주의가 팽배해있으며, 엘리트주의, 연고주의, 공신정치, 부정부패, 이중 잣대 등의 사회적 병폐가 여전하다. 이러한 한국병을 치유하기 위해 '참선비 정신'의 요체인 공사구분의 정신을 통해 투명성을 확립하고, 나아가서는 '자유민주주의국가' 건설에 매진해야 할 것이다.

넷째, '위민(爲民)을 통한 이타성'이다.

참선비만이 가지고 있는 덕목의 중심에는 '위민'이 있다. 서구에서의 위민이 '국민에 의한 것(by the people)'이라면 동양의 위민은 '국민을 위한 것(for the people)'이다. 즉, 애민(愛民), 중민(重民), 보민(保民), 목민(牧民), 안민(安民)을 모두 포함한 것이다. 이러한 위민이야말로 통치자의 가장 중요한 덕목이며 참선비가 일반 선비와 구분되는 특징이다. 정도전은 민본정치를 주장하며 백성들이 편하고 행복하게 사는 세상을 지향했다. 군주의 전횡을 막고 백성의 삶을 풍요롭게 할 수 있는 신권정치(臣權政治)를 추구한 것도 '위민'을 실현코자 한 것이다. 우리나라는 지난 2009년 11월 25일 24번째로 OECD개발원조위원회(DAC : Development Assistance Committee)에 가입함으로써 '원조를 받던 나라에서 원조를 하는 나라'로 발전했다. 이 같은 국제적 위상에 걸맞게 국내적으로도 이타성을 바탕으로 한 위민의 정신이 널리 퍼져나가 진정한 의미의 '사회복지국가'를 이룰 수 있도록 노력해야 한다.

서구 선진사회의 특징이자 자본주의 정신의 요체인 도전정신, 창조적 상상력, 투명성, 섬김은 정도전이 실천했던 '참선비 정신'과 일치하며, 그래서 우리는 시장경제국가, 자유민주주의국가, 지식문화국가, 사회복지국가로서의 기틀을 다지며 선진화를 위해 줄달음쳐 나갈 수 있다. 우리나라는 2010년 G20 정상회의를 유치하며 우리의 경제적 위상에 부합할 만한 정치 외교적 위상을 정립해 나갈 수 있는 확고한 기반을 마련했다. 우리의 경제적 위상은 자랑할 만하다.

지난 2010년 현재 GDP 1조 71억 달러로 세계 15위, 수출 세계 10위로 산업 제분야에서 대단한 경쟁력을 가지고 있다. '무엇이든 할 수 있다'는 도전정신이 이룩한 놀라운 성과다. 산업 제분야에서 경쟁력을 확보하고 있는 나라는 미국, 독일, 일본, 프랑스 정도에 불과하다. 산업혁명이 시작된 영국조차 지금은 금융과 군수산업 이외에는 이렇다 할 산업이 남아있지 않다. 그러나 우리나라는 1991년 UN 가입, 1996년 OECD 가입 등 국제무대에 데뷔한 역사가 짧아서 경제적 위상에 비해 정치 외교적 위상은 세계 30위권에 머물러 있다.

우리나라가 G20 정상회의를 개최했다는 것은 우리가 G7, BRICS 등 전통적 선진국과 신흥경제 강국, 지역전략 거점국가들 사이에서 균형을 맞춰 줄 가교역할을 담당할 국가로 세계 12위권의 위상을 정립할 수 있는 기회가 왔음을 의미한다. 이러한 시대적 상황이 펼쳐지고 있는 이때 우리 사회에 '참선비 정신'을 실현시켜갈 만한 새로운 모범이 제시돼야 한다. 이제 우리의 지도자나 국민들이 '참선비 정신'을 바탕으로 한 진정한 시대정신에 대한 올바른 이해를 갖추어 나가고, 그것을 실천하는 사회적 풍토가 성숙해질 때 세계 선진국 반열에 당당하게 올라설 수 있다. 그것이 21세기를 사는 대한민국 우리 국민들의 역할이자, 참 사회를 일궈갈 모범적 풍토 마련이 될 것이다. 시대정신의 올바른 구현을 위한 노력에 너나 모두가 앞장서서 나설 일이다(《시사뉴스투데이》, 2011. 7. 12).

시대정신의 관점에서 정도전은 통치권이 백성들의 삶을 위해 기능해야 한다는 민본주의를 추구한 것이었다. 정도전에 의해 체계화된 민본사상은 조선왕조 500여 년 동안 왕과 신민들의 지배적인 정치 담론으로 회자됐고, 지금도 우리 한국인들의 마음 깊숙이 깔려 있다. 세종대왕, 정약용 그리고 개항기의 서재필에 이르기까지 조선조 정치가들의 저술 속에 일관되게 흐르고 있는 정치의 제1원리도 민본(民本)이었다. 민중이 없는 역사와 미래는 있을 수 없다. 역사와 미래의 주인공인 민중이 인간다운 삶을 누릴 수 있도록 역할과 책무를 다하는 위민정신을 대통령은 우선적으로 가져야 할 것이다.

율곡 이이(1536~1584)는 역사의 시대구분을 ① 창업(創業)의 시대 ② 수성(守成)의 시대 그리고 ③ 경장(更張)의 시대로 나누어 설명하고 있다.

① 창업(創業)의 시기

새로운 시대(regime)를 창출하는 창업의 시기에 요구되는 지도자는 카리스마적인 지도자(charismatic leadership)이다. 새로운 시대를 열기 위해서는 우선 구질서를 타파하는 것이 시급하기 때문에 요구되는 지도력은 건설적이라기보다는 투쟁적이며 파괴적이다. 또한 구질서의 기득권층과의 효과적인 투쟁이 중요하므로 이 시대에 요구되는 지도자는 민주적이라기보다는 권위적이고 의사결정과정은 중앙집권적이고, 공식적·공개적 조직보다는 사적이고 비공개적 조직이 중요한 역할을 한다. 그리고 지도자와 조직원간의 관계는 충성과 복종의 관계로 나타난다. 약소국이 제국주의와 싸워 민족독립을 쟁취하는 과정이나 군부독재와 싸워 민주화를 이루는 과정에서 나타나는 지도자형이다. 그러한 의미에서 이승만, 박정희 그리고 김영삼, 김대중 대통령 모두가 창업에 능한 카리스마적 지도자라고 볼 수 있다.

② 수성(守成)의 시기

일단 새로운 시대가 열리면 그 다음에는 그 새로운 시대를 잘 관리하고 합리적으로 운영해 갈 지도자가 필요하다. 소위 전문경영형 지도자 혹은 기술관료형 지도자가 요구된다. 번즈는 이러한 지도자를 거래적(去來的) 내지 타협적 지도자(transactional leadership)라고 명명하였다. 이제는 사적이고 비공개적인 조직이 아니라 공식적이고 공개적인 조직을 잘 운영하는 능력이 필요한 시대가 된다. 그리하여 이해당사자들 간의 대화와 타협(去來)을 잘 조직화하고 국가정책에 대한 사회 각층의 합의를 잘 도출해 낼 수 있는 능력이 중요해진다. 또한 이제는 모든 정치과정에 이해당사자들의 적극 참여가 요구되고 또한 그 과정이 투명하게 공개되고 개방될 것이 요구되는 시기이다. 따라서 이러한 일을 잘 해낼 경영형 내지 관리형 지도자가 필요한 시기이다. 지도자와 조직원간의 관계에서도 충성-복종이 중요한 덕목이 아니라 전문성과 관리능력이 중요한 가치가 된다.

③ 경장(更張)의 시기

새로운 시대가 일정한 시기를 지나게 되면 처음에는 새로웠던 제도나 정책도 점차 시대의 발전과 변화를 못 따라 가게 되어 각종 폐해가 드러나고 부작용이 발생하게 된다. 그러면 당연히 새로운 제도와 정책으로 바꾸어야 하나, 이미 기존의 제도나 정책을 둘러쌓고 형성된 기득권세력이 이러한 변화에 저항하게 된다. 변화를 막는 것은 세력뿐 아니라 오래된 제도와 정책을 중심으로 형성된 기존의 가치관, 기성의 의식과 관념도 이러한 변화를 막는 요인이 된다. 따라서 이러한 때는 국민들에게 새로운 비전을 제시하면서 변화와 개혁을 유효하게 조직화해 나갈 수 있는 능력을 가진 지도자가 필요하다. 소위 개혁적 내지 변혁적 지도자(transformational leadership)가 필요하다. 개혁적 지도자는 단순히 현 체제에 대한 기술적 관리능력만으로는 될 수 없고 깊은 역사적 통찰력을 가지고 시대의 변화를 읽고 그 변화의 당위와 시급성을 국민들에게 알리고 국민들의 뜨거운 지지 속에서 변화를 공론화하고 변화를 구체적으로 조직화해야 한다. 그 과정 속에서 여러 저항과 반대도 있겠으나 이를 적극적으로 설득하고 단호히 극복해 나가야 한다. 따라서 이때 지도자와 조직원간의 관계에서는 이념적 공감 내지 이념적 헌신성이 중요해진다. 개혁의 효과적 추진을 위해서는 원칙과 유연성이 모두 필요하기 때문에 사실인즉 경장의 시기에는 창업과 수성의 시기에 요구되는 지도력을 두루 갖춘 지도자가 필요하다고도 볼 수 있다.

왕과 신하들이 이만하면 태평성대라고 자족할 때, 율곡은 당대를 '중쇠기(中衰期)'로 간주했다. 태조의 창업기와 세종의 수성기를 거쳐, 성(盛)이 극에 달하여 잘못이 만들어지고 법이 오래되어 폐(弊)가 생긴 중기의 쇠퇴기란 뜻이다. 무사안일과 수구에 머물면 나라가 멸망하는 위기상황이었다. 율곡은 중쇠기를 극복하기 위해 '경장(更張)'을 강조했다. 율곡 이이는 자신이 살고 있던 16세기 후반 조선사회를 중쇠기로 진단하고 일대 '경장'이 필요한 시기로 판단했다. 창업과 수성을 지나 조선은 이제 새로운 개혁을 요구하고 있다는 것이다. '경장'이란 국가의 기본 틀은 그대로 두되 낡고 병든 부분만 도려내는 일이다.

　그런데 지도자의 성공은 단순히 그 지도자의 자질이나 덕목이 출중하다고 이루어지는 것은 아니다. 그 지도자가 살고 있는 시대 내지는 그가 풀어야 할 역사적 과제와 그 지도자의 자질이나 특성 내지 장점이 합치되어야 한다. 이 점을 특히 중요하게 강조한 사람이 마키아벨리(N. Machiavelli)이다. 그는 어떤 지도자는 한때 국민의 열렬한 환호와 절대적 추앙을 받는 성공한 지도자였는데 왜 나중에는 허망하게 국민들로부터 미움과 배척을 받는 지도자로 전락하는가 하는 문제를 제기하고, 그 주된 이유가 '시대의 요구가 달라졌기 때문'이라고 분석하고 있다. 시대가 풀어야 할 과제나 국민적 요구가 달라졌는데 지도자는 변화하지 아니하였기 때문에 새로운 과제나 요구에 적합한 지도력이 나올 수 없고 그래서 실패할 수밖에 없다는 것이다. 환언(換言)하면 시대에 따라 요구되는 지도력의 타입 내지 지도자의 형이 다르다는 것이다. 물론 끊임없이 자기를 변화시킬 수 있는 지도자는 비교적 오랫동안 국민들의 사랑을 받을 수 있다. 그러나 자기변화·자기발전이라는 것이 그렇게 용이한 일이 아니기 때문에 대부분의 성공한 지도자도 어느 때는 국민들로부터 배척을 받게 된다.

　《군주론(The Prince)》에서의 그의 주장을 직접 인용하여 보자.

　"어떤 군주가 오늘은 융성을 자랑하다가 내일은 실각하는 예가 있다. 더욱이 그 군주의 성향이나 재능은 조금도 변화가 없는데 말이다. 이런 사례는 역사상 헤아릴 수 없이 많다. 그것은 운명에 전적으로 의존했기 때문이다. 운명이란 원래가 변화하기 쉬운 것이다. 이 변화하기 쉬운 운명의 파도에 휩쓸리지 않는 길은 하나밖에 없다. 말하자면 '때의 흐름과 자신의 방식을 합치시키는 것'이다. 이에 성공한 사람만이 살아남는다. 반대로 그 사람의 역량이 아무리 뛰어나더라도 그 방법이 시류(時流)와 맞물리지 않으면 실각할 수밖에 없다……. 운명은 변화한다. 그러므로 인간이 자기 나름의 방법을 지속할 때, 그것이 시류와 합치하는 동안은 잘 되어 나가지만 시대의 흐름에 부응하지 않게 되면 실패할 수밖에 없다. 그렇지만 시대의 변화에 자기 삶의 방식을 바꾸어 나갈 수 있을 만큼 현명한 인물은 그리 많지 않은 법이다. 왜냐하면 인간이란 타고난 성향에서 좀처럼 떠날 수가 없기 때문이다……."

그동안 우리나라의 경우를 보아도 위와 유사한 경우가 많았다고 본다. 산업화가 국민적 과제이고 요구일 때 성공했던 지도자인 박정희 대통령은 민주화가 시대적인 과제이며 국민적인 요구일 때는 불가피하게 실패한 지도자가 되지 않을 수 없었다. 시대의 흐름이 달라졌기 때문이다. 마찬가지로 민주화가 시대적인 과제이고 국민적인 요구일 때 성공한 지도자였던 김영삼 대통령과 김대중 대통령도 적법절차(due process)에 기초한 국가제도의 개혁과 전문성에 기초한 국가경영이 시대적인 과제이고 국민적인 요구일 때는 불가피하게 실패할 가능성이 높아지는 것이다. 산업화에 능한 지도력이 반드시 민주화에 능할 수 없고 민주화 투쟁에 능한 지도력이 전문적 국가경영에 능할 수 없는 법이다. 때의 흐름과 자신의 방식이 합치하면 성공하고 그렇지 못하면 실패하는 법이다(박세일 외, 2002 : 102-104).

중국 역사를 통틀어 가장 탁월한 군주로 추앙받는 이는 당 태종 이세민이다. 후한 말의 혼란기와 위진남북조 시대의 분열을 수습하고 중국을 통일한 수나라가 무모한 고구려 원정과 폭정으로 혼란에 빠지자 이세민은 군사령관이었던 아버지 이연을 도와 당 왕조를 열었다. 태종은 돌궐과 토번 등 북방민족을 정복해 영토를 두 배 이상 확장하고 조세·토지·군사제도를 정비해 이후 중국 왕조 통치체계의 기틀을 닦았다. 3성 6부의 중앙 정치구조나 중앙에서 지방관을 파견하는 주현 지방제도, 균전제, 과거제 등 훗날 동양정치의 모델이 된 정치제도가 모두 태종 집권기에 마련됐다. 그의 치세를 일컬어 '정관의 치(貞觀之治)'라고 한다.

태종은 황제가 되기 전과 후, 분명히 다른 리더십과 군신 관계를 보였다. 주저하는 아버지를 부추겨 수나라 타도의 기치를 들고 거병할 때나 현무문에서 형제를 격살하고 실권을 잡을 때 보여준 그의 리더십은 과단성과 민첩한 행동으로 대표된다. 그러나 황제의 자리에 오르고 나서는 신하들과 소통의 리더십을 통해 신생 왕조를 반석 위에 올려놓았다.

태종이 명재상 위징과 대화를 통해 정사를 펼친 내용을 후대에 정리한 책이 제왕학의 교과서라고 불리는 《정관정요(貞觀政要)》다. 위징은 원래 태종이 제거한 형 건성의 신하로 당초 둘은 적대적인 관계에 있었다. 그러나 현무문 사건으로 실권을 잡은 태종이 먼저 위징을 받아들이는 포용력을 보이자 위징은 태종을 근거리에서 보좌하며 정책과 통치철학에 지대한 영향을 미쳤다.

군주 또는 대통령이 지녀야 할 리더십 덕목에 대한 논의는 오랜 역사를 두고 이어져 왔다. 대통령이 지녀야 할 리더십 덕목에 있어서 시대적·정치적 상황과 조건이라는 것은 시대적·정치적 환경에 따라 달라질 수 있기 때문에 시대적·정치적 환경과 상관없이 보편적으로 적용될 수 있는 대통령 리더십 덕목을 정형화하는 것은 어려운 문제일 수도 있다. 그러나 인간사회의 형성과 유지·발전이라는 큰 틀에서 어떤 공통분모를 찾을 수 있을 것이고, 여기에 시대정신을 반영한 대통령 리더십 덕목이 중요한 변수가 될 수 있을 것이다.

제2장
대통령 리더십

I. 리더십

리더십은 지도자가 갖추어야 할 특성 또는 역량이다. 지도자가 리더로서 갖추어야 할 개인적인 특성과 함께 그가 몸담고 있는 조직이나 기관을 적절히 이끌 수 있는 능력까지 포함된다.

피터 드러커(Peter F. Drucker) 교수는 리더십에 대해 "그것은 바로 이 순간의 모든 열망이다"라고 정의하였다.

밴스 패커드(Vance Packard, 1914. 5. 22~1996. 12. 12 : 미국의 신문·잡지기자 및 저술가였음)는 그의 저서 《피라미드를 오르는 사람들 ; The Pyramid Climbers》(1962)에서 "리더십이란 자신이 해야 한다고 확신하는 것을 동료들이 하도록 만드는 기술이다"라고 정의하였다.

상황이론 학자로 분류되는 허시와 블랜챠드(P. Hersey & K.

Blanchard)는 "주어진 상황에서 목표를 달성하기 위해 개인이나 집단의 행동에 영향을 미치는 과정이다"라고 리더십을 정의했다.

카츠와 칸(Daniel Kartz and Robert L. Kahn)은 "리더십이란 조직의 일상적인 지시에 기계적으로 복종하도록 집단의 활동에 영향을 주는 과정이다"라고 정의하였다.

리더십은 조직 구성원이 조직의 목표를 달성하도록 영향력을 행사하는 과정이라 할 수 있는데, 인간을 둘러싼 정치·경제·사회·문화 전 영역에 걸쳐 존재하는 것이기 때문에 시대별·분야별로 연구하는 사람에 따라 다르게 이해되고 그 정의도 각각 달라질 수 있다.

특성이론 학자로 분류되는 스토그딜(Ralph Melvin Stogdill)은 "리더십을 정의하는 데 있어서 연구하는 학자들의 수만큼이나 그 정의가 다양하다"고 주장하면서, "리더십이란 기대와 상호작용 속에서 구조를 주도하고 유지하는 것이다"라고 정의하였다.

그러므로 리더십에 대하여 일반화되고 모든 학자들 간에 합의된 하나의 정의는 있을 수 없다고 하더라도 학자들의 정의에서 일반적인 공통점을 발견하여 리더십을 정의하여 본다면, 리더십이란 조직의 목표 달성을 위해 조직 구성원이 자발적으로 참여하여 이를 달성하도록 유도하는 리더의 능력을 가리킨다고 할 수 있다.

리더십은 리더십 과정의 어느 측면을 강조하느냐에 따라 대부분의 학자들이 리더십 이론의 전통적 접근법을 특성(자질)론적 접근법, 행태(행위)론적 접근법, 상황론적 접근법으로 분류하고 있다.

특성론적 접근법은 주로 신체적 특성, 사회적 배경, 지적 능력, 성격, 사회적 특성, 과업과 관련된 지식 등에 연구의 초점이 맞추어졌다. 특성론적 접근법의 비판으로서는 첫째 성공적인 리더의 특성을 연구할수록 리더의 특성도 점차 증가되어 연구가 복잡해지고 어려움을 주었다, 둘째 리더의 특성은 그 자신이 처한 상황에 따라 그 효과가 다르게 나타나 리더십 전체 과정을 이해하는 데 도움이 되지 못하였다 등이 있다.

행태론적 접근법은 효과적인 리더가 일관성 있게 이용하는 리더의 행동이 존재한다는 것을 전제로 한 접근법이다. 행태론적 접근법이 공통적으로 갖고 있는 가장 큰 문제점은 효과적인 리더의 행동은 상황에 따라 다르다는 사실을 간과하고 있다는 것이다.

상황론적 접근법은, 효과적인 리더의 행동은 상황에 따라 다르다는 사실을 전제로 한 접근법이다. 상황론적 접근법의 비판으로서 상황이란 해결을 필요로 하는 문제가 나타나는 것을 의미하는데 조직 구성원 중 누가 지도자가 되는가는 상황에 따라서 달라지지 않을 수 없다. 그런데 이 이론의 논리를 그대로 밀고 나간다면 리더십은 위기가 닥쳐왔을 때만 나타나게 된다는 비판을 가할 수 있다.

그리고 리더십 이론의 전통적 접근법을 보완하는 최근의 접근법으로서 1978년 번스(Jams McGregor Burns)에 의해 처음 제시된 거래적 리더십과 구분되는 변혁적 리더십이 있다. 변혁적 리더십은 조직 구성원에게 권한을 주고 구성원이 개인의 가치를 보이고 행동할 수 있는 능력을 증가시키며 리더나 구성원 모두에게 변화를 가져온다. 변혁적 리더십은 성공한 리더의 행동에 연구의 초점을 두고 있기 때문에 행태론적 접근법으로 분류될 수 있다.

미국 메릴랜드주 아나폴리스에 있는 해군사관학교에 가면 'The best ship in times of crisis is leadership'이란 글귀를 볼 수 있다고 한다.

루지어(Lussier, 1993)는 리더십이 중요한 이유에 대하여 첫째, 리더의 중요한 기능적 과업은 효과적으로 리드하는 것이다. 둘째, 부적절하게 리드하는 경우에는 치명적인 오도(誤導), 불충분한 질(質) 그리고 낮은 생산성(生産性)의 결과를 초래한다. 셋째, 한 설문조사 결과에 의하면, 학자나 실무자 모두 리더십이 조직 행태의 영역에서 가장 중요한 과제라는 사실에 동의하고 있다. 넷째, 스토그딜의 유명한 《리더십 핸드북(Handbook of Leadership)》에는 리더십에 관한 3,000개 이상의 참고문헌이 제시되어 있다. 1972년에서 1983년까지 매년 평균 250여 편의 리더십에 관한 학술 논문이 발표되었으며, 리더십 주제는 1990년대 들어 대중화되었다. 다섯째, 종업원은 관찰을 통해 배운다. 그들은 리더의 행동을 관찰하여 행동의 기준으로 삼는다. 여섯째, 리더와 집단 구성원간의 독특한 교환 관계는 부하직원의 행태에 영향을 미친다. 일곱째, 리더에게는 종업원들이 일을 하도록 할 책임이 있는데 리더에게 부하직원들의 목표 달성에 영향력을 행사하는 능력이 없다면 목표 달성은 어려워질 것이라고 기술하였으며, 이대희(2006) 교수는 "리더는 조직이 나아가야 할 매력적이고 현실적인 비전을 제시할 수 있어야 한다"고 하였다.

이와 같이 리더십은 조직의 목표 달성을 위해서 매우 중요하다고 할 수 있다.

2. 대통령 리더십

대통령제를 채택하고 있는 국가에서 대통령에게 부여되는 책임과 권한은 막중하며, 이에 따라 국민들이 국정운영의 실질적 주체로서 대통령에 대해 거는 기대 또한 매우 높은 것이 사실이다. 대통령은 한국 사회의 정치권력의 핵심이자 사회갈등과 대립을 해소하고 국민 성원들을 통합시킬 수 있는 핵심적인 주체이다.

대통령의 통치와 권력행사는 리더십으로 드러난다. 리더십의 궁극적인 목적이 공동 목표를 추종자와 함께 달성하는 것이라면 대통령 리더십의 궁극적인 목적은 국가적 과제를 국민과 함께 달성하는 것이라 할 수 있다.

대통령 리더십이란 '국민의 행동에 영향력을 행사하여 대통령이 원하는 방향이나 목표로 국민의 자발적인 참여를 유도해 내어 그것을 달성할 수 있도록 하는 대통령의 행동과 힘 또는 이를 위한 영향력 행사 과정'이라고 할 수 있다. 그리고 '특별한 개성과 역량을 지닌 대통령이 갈등 조정과 공익 확대라는 사회 공동의 과제를 추구하는 데 있어서 그의 의지나 통찰력 등으로 국정 조직을 통제하고 지휘하며, 국민 다수의 동의와 참여를 통해 국가를 이끌어 가는 영향력 내지는 활동'이라고 정의내릴 수도 있다.

일반적인 공통점을 발견하여 대통령 리더십을 정의하여 본다면 대통령 리더십이란 국가적 과제를 달성하기 위해 국민이 자발적으로 참여하여 이를 달성하도록 유도하는 대통령의 능력을 가리킨다.

대통령은 국가의 형성, 유지, 나아가 발전에 지대한 역할을 하기 때문에 한 국가의 운명을 좌우할 수 있는 권력을 갖는다. 따라서 대통령의 리더십은 일반적인 지도자에게 필요한 리더십과 분명 차이가 있다.

리더십의 일반적인 개념과는 달리 대통령 역할의 특수성 때문에 1960년대에 이르러 대통령 리더십 자체만 연구하는 '대통령 리더십론'이 등장하여 대통령에게 바람직한 리더십을 제시하고 있다. 특히 대통령제를 시행한지가 벌써 200년이 넘는 미국을 비롯한 선진국에서는 대통령에 대한 리더십 연구들이 많이 행해지고 있다.

미국의 정치학자 바버(Barber)는 대통령 직무의 수행은 성격, 스타일, 세계관의 3요소에 의해 이루어진다고 보고, 이 세 가지가 한데 어울려 동기와 습관, 신념을 이루게 되고, 이것이 다시 행동에 영향을 미친다고 보았다. 이는 대통령 연구의 이론적 접근방법 중 심리적·개인적인 접근방법이다. 그리고 바버는 미국 대통령의 리더십 유형을 적극긍정형, 적극부정형, 소극긍정형, 소극부정형으로 분류하고 적극긍정형의 성격을 갖춘 대통령이 리더십을 성공적으로 발휘한다고 주장하였다.

안병만은 역대 한국 대통령을 바버의 유형을 기준으로 박정희 대통령을 적극긍정형으로, 이승만 대통령·전두환 대통령·김영삼 대통령을 적극부정형으로, 노태우 대통령을 소극부정형으로 분류하였다. 그런데 각 유형마다 장단점이 있고 시대상황에 따라 요구되는 리더십 유형도 일치하는 것은 아니다. 바버도 성격 자체는 변화하기 어렵지만 상황적인 요인들은 항시 변화하며, 따라서 동일한 성격 유형을 지닌 대통령이라 하더라도 그 성공과 실패 여부는 달라질 수 있다고 설명했다.

대통령은 거시적인 차원에서 한국 사회 전체의 구조적인 변화를 이해하고 미래사회에 대한 비전을 제시할 수 있어야 하며, 특히 한국 정치가 당면한 상황에 대해 비전을 제시할 수 있어야 하고, 본질적으로 이해할 수 있어야 한다.

효과적인 대통령 리더십을 행사하는 것은 갈수록 더욱 어려워지지만 그럼에도 불구하고 아주 중요하다.

대통령이 발휘하는 리더십은 한 국가의 운명을 결정하는 중요한 요소이기 때문에 대통령 리더십의 성공과 실패는 리더 개인의 문제가 아니라 한 민족과 국가의 운명과 미래에 직결된다. 이것은 그래서 예나 지금이나 앞으로도 변함없는 것이기에 국제 위상을 높여가야 하는, 국가 리더인 대통령에게 있어 매우 중요하다고 할 수 있다.

대통령 리더십은 지휘·통제적 방법보다는 설득력에 의해 더욱 효과적으로 발휘되는 경우가 많은데, 그것은 대통령의 힘은 정치적 리더십에 따라 조성된 국민적 동의에 의해서 나타나는 것이기 때문이다.

대통령 리더십은 나라의 운명을 좌우하고 나아가 국민의 삶의 질을 좌우한다. 따라서 대통령 리더십에 대한 연구는 곧 국가의 운명과 국리민복에 대한 총체적인 분석인 동시에 미래에 대한 대비라고 할 수 있다는 점에서 역대 대통령들에 대한 연구는 그 의미가 크다고 할 수 있다.

대통령은 그가 처해 있는 상황에서 무엇에 우선순위를 둘 것인지를 판단하는 일이 성공을 가름한다. 그리고 대통령의 역할은 국가정책의 우선순위를 최종적으로 결정함으로써 국가정책의 전반적인 방향을 설정하는 데 있다. 대통령은 노를 직접 젓는 선장이 아니라 키만 잡으며 기업, 시민단체의 서로 다른 의견을 조정·통합하는 중재자 역할을 수행함으로써 기업과 시민사회의 협력 능력을 키우는 데 주력하여야 한다. 따라서 한 나라의 최고 지도자인 대통령은 국가경영의 키를 잡은 사람이기 때문에 이러한 키를 조종하는 능력과 기술을 겸비해야 한다. 대통령이 어떻게 키를 조정하느냐에 따라 국가라는 이름의 배는 순항할 수도, 좌초할 수도 있으므로 대통령은 모름지기 키잡이에 능숙해야 한다는 말이다.

아울러 대통령은 국가적 과제를 제대로 잡고 국민들의 역량을 자발적으로 결집하여 힘차게 역사의 물길을 갈라서 국가 경쟁력을 제고할 수 있어야 할 것이다. 이를 위한 대통령 리더십은 단순히 정책적 차원을 뛰어넘어 국가 전체가 가야 할 길을 개척하는 데 필요한 인격, 신념, 자질 및 통찰력을 포괄하는 것이라 할 수 있다.

3. 대통령 리더십 덕목

(1) 고전 이론

1) 플라톤과 마키아벨리의 이론

플라톤은 그의 명저 《국가론》을 통해 이상적인 국가를 실현시키기 위해 필요한 여러 요소들을 제시했다. 플라톤은 개인적 차원의 정의와 국가적 차원의 정의가 실현되어 이상 국가가 완성된다고 말한다. 결국 정의는 이상 국가의 필수 요건이다. 그리고 이상 국가를 실현하기 위한 방법으로 통치 수단을 마련하고 있다. 이것이 바로 철인통치론이며, 철학자 혹은 철학을 공부한 통치자가 국가를 다스린다는 것이다. 플라톤의 '철인(哲人)'은 지혜로운 사람이다. 지혜로움의 기준은 선의 이데아를 아는 것이다.

누군가를 다스리는 사람은 선(善), '좋음 그 자체'라는 절대적인 가치를 추구하고 깨우친 사람이어야 한다는 뜻이다. 말하자면 정치 권력과 철학의 결합을 통해서만 다룰 수 있는 문제이다. 따라서 플라톤은 지혜를 사랑하는 자인 철학자가 최고 권력자가 되어 국가를 다스리는 것을 최상으로 생각하였다.

플라톤은 철인 정치를 주장하며 국가를 이끌 수호자의 역할을 맡을 수 있는 집단이 가져야 할 조건에 대해서 설명한다. 플라톤이 주장한 바에 따르면 철학자는 불변의 것을 파악할 줄 아는 자이다. 나라를 다스릴 자를 정하기 위해서는 나라를 수호할 능력이 있는 자를 선택해야 한다고 말하며, 철학자의 능력에 대한 설명이 뒤따른다. 철학자는 각각의 참된 실재를 분명히 인식할 수 있고, 경험이나 덕성에 있어서도 부족함이 없는 사람으로서 실재를 인식하는 능력을 소유한 인격적으로 완성된 사람이다.

플라톤이 그의 스승인 소크라테스의 입을 빌려 말한 진정한 철학자가 갖춰야 할 조건은 다음과 같다.

진실성, 정신적인 쾌락을 학문에서 얻음으로써 육체적인 쾌락을 추구하지 않는 마음, 크고 넓은 도량과 훌륭한 기억력 및 참된 실재를 지향하는 균형이 잡힌 올바른 정신을 지니는 것이다. 그가 이렇게 철학자의 소질에 대해 여러 조건을 달고 그 조건을 다 갖추기도 어려운 위치에 진정한 철학자를 올려 둔 것은 이러한 능력을 가진 철학자야말로 나라를 수호할 자격이 있다는 것을 지지하기 위해서이다. 수호자는 각각의 참된 실재를 분명히 인식할 수 있고 경험이나 덕성에 있어서도 부족함이 없는 사람이어야 한다고 주장한다.

나라를 통치할 철학자는 완전한 인식을 소유하고 있는 자가 아니다. 그는 개인이나 공동체의 삶에서 가장 중요한 가치인 좋음, 정의, 아름다움 등의 본질에 대한 인식을 추구하는 자이며, 이것들을 최대한 실현하고자 하는 자이다. 또한 철학자는 지성이 지배하는 삶을 살기 때문에 세속적인 욕망을 추구하지 않는 탁월한 도덕적 품성을 지니고 있는 자이다.

플라톤은 《군주론》에서 설명하는 이상적인 국가 제도가 철학자가 수호자의 역할을 수행한다면 실현될 가능성이 있으며, 철학자가 수호자의 지위에 오르는 것도 그리 불가능한 일만은 아니라고 생각했다. 그가 스승의 죽음으로 인해 얻은 큰 충격에도 불구하고 철학이 멸시받은 이유가 철학을 하는 듯 소란을 피우는 자들로 인한 것이고, '절대선'을 추구하는 철학자들의 잘못은 아니라고 말하는 데에서 그러한 모습을 볼 수 있다.

진정한 철학자는 사람들과 싸우고 질투하는 데 소요할 시간이 없고 오히려 가장 신적인 것, 질서 있는 것과 생활을 함으로 인해서 실재와 진리를 사랑하는 모습을 갖게 될 것이다. 철학자의 소질이 '최고선'에 가까운 것이라는 언급은 이 책 곳곳에서 볼 수 있지만, 특히 직접적으로 말하면서 가장 완전한 수호자는 바로 이러한 철학자라는 것을 분명히 한다.

마키아벨리는 르네상스 시대의 이탈리아 사상가이자 정치철학자이다. 그는 1513년 발표한 《군주론》에서 위대한 군주와 강한 군대, 풍부한 재정이 국가를 번영하게 하는 것이고, 국가의 이익을 위해서 군주는 어떠한 수단을 취하더라도 허용되어야 하며, 국가의 행동에는 종교 및 도덕의 요소를 첨가할 것이 아니라는 마키아벨리즘을 발표하였다.

마키아벨리의 《군주론》은 어떻게 하면 권력을 획득하고 또 유지할 수 있을까를 그 중심적인 내용으로 삼고 있다.

마키아벨리는 지도자가 성공을 거두기 위해서는 반드시 능력을 갖춰야 한다고 했다. 그래야 지도자가 기회를 인식하고 포착할 수 있으며, 상대보다 생각이 앞서게 되고, 그들과의 싸움에서 승리할 수 있다는 것이다. 운(運)은 모든 전략적 판단에서 중요한 역할을 차지한다. 예기치 못한 상황이 닥쳤을 때에는 운 때문에 최대한 세밀하게 세운 계획이 완전히 뒤집어 질 수도 있다.

그러나 역량 있는 지도자는 가능성이 기회로 변화하는 때를 인식하고, 경쟁자나 상대방보다 더 빨리 반응하여 행운의 이점을 활용할 수 있다고 그는 말하고 있다.

마키아벨리가 1519년에 쓰고 1531년에 출간된 《로마사논고》는 로마공화정이 위대한 제국을 건설하는 데 성공한 원인을 밝히기 위해 《로마사》 첫 10권에 대한 논평에 근거하여 로마의 정치적·군사적 제도와 대외 정책을 상세히 분석하고 있다. 이 책에서 군주정보다 인민의 자유와 정치참여를 존중하는 공화정이 위대한 국가에 이를 수 있는 정치체제라 주장하였으며, 인민의 판단력이 군주보다 더 현명하고 안정돼 있다고 한다.

다수 대중의 판단이 소수의 엘리트 집단보다 우월하다는 대전제는 오늘날의 민주주의 시대상황과 잘 맞아 떨어진다. 민주주의 시대의 권력은 대중에서 나오는 것이기 때문이다. 플라톤이 지도자의 인격을 강조하였으나 마키아벨리는 지도자의 통치 방법을 중시한다고 할 수 있다. 마키아벨리는 효과적인 권력의 획득과 유지를 군주의 최고 덕목으로 보았으며, 이를 위해 군주는 때로는 관대하거나 도덕적으로 행동할 수도 있고, 그렇게 보여줄 수도 있으며, 필요하면 악덕처럼 보이는 일들을 서슴없이 행할 수도 있어야 한다. 이것이 군주의 덕목이며, 이를 통해 마키아벨리는 정치를 중세의 신학과 도덕률로부터 해방시켰다.

그런데 마키아벨리는 도공(陶工)의 아들로서 사악한 방법으로 약 1만 명의 시민을 추방하거나 죽이고 시라쿠사의 왕이 되었던 아가토클레스를 예를 들어 "사악한 방법으로 권력을 얻을 수는 있을지언정 영광을 얻을 수는 없다"고 하면서 사악한 방법으로 권력을 얻는 행위를 비판적으로도 보고 있다.

2) 공자와 맹자의 이론

공자는 유교의 시조(始祖)로 떠받들어지는 고대 중국의 정치가이자 사상가이다. 공자의 이상적인 군주 덕목을 알기 위해서는 공자의 제자, 또는 다른 사람들과의 문답 내용과 언행을 수록한 《논어》(論語)를 살펴보아야 한다. 《논어》는 동양의 전통과 문화의 중추인 동시에 공자의 학설이나 정신을 연구할 수 있는 기본 자료가 되기 때문이다. 《논어》의 저자는 명확히 알려져 있지 않으나 공자의 제자들과 그 문인들이 공동 편찬한 것으로 추정되고 있다. 《논어》를 통해서 알아본 공자의 중심 사상은 '인(仁)'이다.

공자는 인(仁)의 실천에 바탕을 둔 개인적 인격의 완성과 예(禮)로 표현되는 사회질서의 확립을 강조하였으며, 궁극적으로는 도덕적 이상국가를 이 땅에 건설하려 하였다. 공자는 위정자가 바르다면 정치는 어려울 것이 없다고 말한다. 정치는 올바름이라는 것이다(政者正也). 즉, 정치는 정의다. 정치는 정도(正道)를 따라 실천하는 것이므로 지도자가 솔선하여 정도를 걸으면 부정한 일을 저지를 사람이 없을 것이다. 위정자가 바르면 국민의 신뢰를 받을 수 있고 국민의 신뢰는 곧 위정자 개인은 물론 위정자가 펼치는 정책에 대한 전폭적인 지지를 의미하기 때문에 정치가 어려울 것이 없는 것이다. 이밖에도 공자는 《논어》에서 군주의 지(智), 용(勇), 도덕성, 희생정신, 실천력, 성실성, 교만하지 않은 마음, 명석한 판단력, 업무처리에 있어서의 무사 공평 등을 강조한다.

공자가 제자들에게 가르친 세부 덕목으로서 지(智, 지혜), 인(仁, 어짐), 용(勇, 용기)에서의 '인(仁)'은 협의의 '인'이며, 공자가 내세운 모든 덕목을 총칭하는 개념이 광의의 '인'이다. 공자는 법이나 제도보다 사람을 중시했다. 사람을 통해 그가 꿈꾸는 도덕의 이상사회를 이루려고 했다. 그래서 어짊을 실천하는 도덕 사회의 구현을 군주의 최고 덕목으로 삼았다.

'인'은 공자가 생각하는 인간의 최고 도덕이었다. 덕이란 인간에게서 기대되는 개개의 훌륭한 자질이라고 중국인은 생각하며, 동시에 그것은 영향력 내지는 인격으로써 남에게 감화를 미치는 것이라 생각한다. 중국인의 정치사상 근저에도 이 직관(直觀)이 있다. 공자는 처음에 위정자, 특히 최고책임자인 군주에게 기대를 걸어 각국을 방문하면서 자기주장을 설명했었다. 뛰어난 덕(德)으로써 백성을 다스리고 백성의 덕을 높여 그 결과 도덕이 고루 퍼져 세상이 저절로 평화가 된다는 것이 공자의 정치사상이었다. 그러나 이러한 사고방식은 난세(亂世)의 제후들에게 받아들여 지지 않았기에 그는 제자를 교육하고 '인'의 학습을 시킴으로써 고전의 지식이나 정치 기술과 함께 인격적인 덕을 겸비한 군자가 되도록 하고 그들로 하여금 정치의 요로에 참여케 함으로써 난세를 유혈이 따르는 강권주의가 아니라 평화적인 방법으로 평정하려고 하였다.

서로 다른 가치와 이해관계를 갖고 살아가는 삶의 과정에서 약속을 지키는 것은 사회생활의 필수적인 덕목이며, 이는 신뢰의 바탕이 되기도 한다. 공자도 국가 경영에 있어서 신뢰의 중요성을 강조하면서 백성의 믿음이 없이는 나라가 서지 못한다(無信立)고 했다. 현대 경영에서도 신뢰는 사회적 자본으로서 국가나 기업 경쟁력의 중요한 원천이 되고 있다. 보통 사람의 경우에도 이럴진대 하물며 국가의 지도자가 국민들에게 한 말과 약속은 더욱 무게를 더하며 역사적 책무가 따른다.

민주주의는 선거를 통해 완성된다. 선거는 각 정당이나 후보자가 국민들에게 공약이라는 형태의 공적인 약속을 하고 경쟁을 통해 국민의 선택을 받는 과정이다. 따라서 선거 과정에서 제시된 공약은 어떤 약속보다 우월하며, 반드시 지켜져야 함은 두말할 나위가 없다. 만일 선거 때 단순히 표를 얻기 위해 국민들에게 거짓 약속을 하고, 선거에서 이긴 후에 그 약속을 헌신짝처럼 버린다면 이는 신뢰를 잃어버리는 것뿐만 아니라 민주주의의 근간을 흔드는 저열한 행태이다.

공자가 평생을 두고 정리한 학문 역시 학덕(學德)을 연마한 군자가 위정자가 되어 다스리는 '군자학(君子學)'이었다. 이는 세상을 다스리는 이치를 이론과 실천을 통해 터득하는 것을 골자로 한 일종의 '치평학(治平學)'이었다.

맹자는 공자가 죽은 지 약 100여 년 뒤에 태어난 중국 전국시대(BC 481~BC 221)의 유교 사상가로서 현재의 중국 산둥성(山東省)에 속한 작은 국가 추나라에서 출생하였는데, 맹자가 활동했던 전국시대는 공자가 활동했던 춘추시대보다 더 혼란이 극심한 때였다. 맹자는 잘 알려진 것처럼 어릴 때부터 어진 어머니로부터 교육을 받아 맹모삼천지교(孟母三遷之敎)의 유명한 고사를 남긴 인물이기도 하다. 그의 어머니는 묘지·시장·학교 부근으로 3번이나 이사를 해 맹자가 학교 근처의 면학적 분위기에 적응해 공부를 열심히 하게끔 교육적 환경을 만들어 주었다.

젊은 시절 맹자는 공자의 손자인 자사의 손제자(제자의 제자) 중의 한 사람의 문하생으로 수업했다. 이렇게 해 공자 사상의 정통성은 보존될 수 있었으며, 맹자는 각국을 돌아다니면서 제후들에게 인정(仁政)을 베풀라고 조언했다. 그 당시는 중국 전국시대의 혼란기였기 때문에 제후들에게 개인적 덕행과 선정(善政)을 강조한 맹자의 가르침은 소귀에 경 읽기와 같은 형국이었으며, 제후들은 인정(仁政)보다는 패도(覇道)에 훨씬 더 관심이 많았고, 그래서 인정(仁政)에 바탕을 둔 왕도정치(王道政治)를 역설한 맹자의 노력은 주의를 끌지 못하였지만 맹자는 계속해서 자신의 주장을 펴나갔다.

맹자의 사상이 잘 나타나 있는 책이 《맹자》인데 이 맹자를 쓴 인물이 누구인지는 분명하지 않으나, 다만 맹자가 직접 쓴 것도 있고 제자들이 후에 정리한 것도 포함되어 있을 것으로 짐작될 뿐이다.

맹자는 군주들을 향해 민중을 위하라고 했을 뿐만 아니라 가장 귀한 것이 백성이고, 그 다음이 국가이며, 가장 가벼운 것이 임금이라고까지 하였다. 그래서 백성의 마음을 잃으면 천하를 잃는 것이라 하였고, 한 걸음 더 나아가 덕이 없는 임금, 즉 백성들이 따르지 않는 임금은 바뀌어야 한다고까지 했다.

이러한 맹자의 민본사상(民本思想)이나 혁명사상 같은 것이 제후들의 입장에선 선뜻 받아들이기 어려운 주장이었기 때문에 결국 맹자는 자기주장이 통하지 않자 공자처럼 노후에 고향으로 돌아가 제자들을 가르치는 것으로 여생을 마쳤다.

맹자의 철학사상은 공자의 가르침을 확충해 재해석한 것이라 할 수 있다. 공자는 인간의 기본적인 덕목으로 '인(仁)'을 가르쳤고, 맹자는 성선설(性善說)을 사상체계의 핵심으로 삼았다. 맹자에게 자명한 진실은 사단(四端), 즉 측은지심(惻隱之心)·수오지심(羞惡之心)·사양지심(辭讓之心)·시비지심(是非之心)을 인간이 타고 났다는 것이다. 이 사단을 잘 발달시키면 4개의 최고 덕인 인(仁)·의(義)·예(禮)·지(智)가 된다는 것이다.

그는 이렇게 말했다.

"자신의 마음을 최대한으로 수양한 사람은 자신의 성품을 안다. 자신의 성품을 안다는 것은 하늘을 아는 것과 같다."

따라서 맹자에 의하면 모든 사람이 고대의 전설적인 성군인 요순과 같은 인물이 될 수 있다는 것이다.

맹자에 의하면 통치자는 백성의 복지를 보살펴야 한다고 한다. 즉, 백성들의 생계를 보장하는 물질적인 상황을 만들어 주어야 하고 그들을 교육시키는 도덕적·교육적 지침을 마련해야 한다. 그는 또한 조세경감, 자유무역, 천연자원의 보존, 노약자를 위한 복지대책 수립 및 보다 공정한 부의 분배 등을 주장했다. 유항산 유항심(有恒産 有恒心)은 그의 지론이었다.

맹자는 왕도정치를 패도(覇道)와 비교하면서 "덕(德)으로 인(仁)을 베푸는 것이 왕도이고, 힘으로 인(仁)을 가장하는 것이 패도(覇道)"라고 규정했다. 이 규정에 따르면 패도정치는 힘으로 하는 정치이고 왕도정치는 백성들을 근본으로 여기는 민본주의에 입각한 사랑의 정치라고 할 수 있다.

왕도(王道)는 고대 성왕(聖王)의 덕행으로 교화시킴에 의한 정치를 말하며, 패도(覇道)는 인의(仁義)를 무시하고 무력이나 그때그때 형편에 따라 꾀하고 계략과 이익을 탐하는 정치를 말하는데 맹자는 패도를 버리고 왕도를 따라 인정(仁政)을 펴야 한다고 꾸준히 제후들에게 권유하는 한편, 천명(天命)을 얻음과 함께 통치자는 백성들의 복지를 돌보아야 할 책임이 있음을 특히 강조하였다.

3) 이황과 이이의 이론

이황의 사상은 넓은 의미에서는 유학에 속하고 좁은 의미에서는 성리학에 속한다. 유학은 공자의 사상에 기반을 둔 학문으로 자신을 닦고 남을 교화하는 것을 목적으로 한다. 이러한 유학을 이론적으로 보완하여 중국 송나라 때에 주자가 집대성한 학문이 성리학이다. 따라서 퇴계 이황은 공자와 주자의 학문을 계승한 유학자요 성리학자이며, 율곡 이이와 더불어 한국 성리학(유학)의 대표적인 학자이다. 이황이 남긴 저작들은 《퇴계전서》에 집약돼 있다.

선조 원년(1568) 8월, 68세의 퇴계 이황은 6개 조항을 열거한 상소문을 올렸다. 퇴계는 이때 임금의 은혜에 보답하는 마음으로 자신의 모든 것을 담아서 젊은 선조에게 두 가지 글을 올렸는데 '무진육조소(戊辰六條疏)'와 '성학십도(聖學十圖)'가 그것이다. '성학십도'는 성리학의 근본이념을 10개의 도설로 체계화한 학술적인 내용임에 비해 '무진육조소'는 당시의 정치적 상황에 대한 퇴계 자신의 해법을 담은 글이었다. '무진육조소(戊辰六條疏)'는 말 그대로 무진년에 올린 여섯 개 항목의 상소(上疏)인데 퇴계가 국정 운영의 전반적인 원칙과 방향에 대해 폭넓게 의견을 밝힌 유일한 상소라 해도 지나친 말이 아닐 것이다. 그래서 이 글은 퇴계의 성학(聖學)이념, 곧 올바른 임금이 유교정치의 이상인 왕도정치를 실현하기 위한 방안을 제시한 대표적인 글로 인정받아왔다.

여섯 개 조항의 제목을 제시하면 제1조〔왕통의 승계를 중요하게 여겨 인(仁)과 효(孝)를 온전하게 할 것〕, 제2조〔참소와 이간을 막아 양궁(兩宮)이 친하게 지낼 것〕, 제3조〔성학(聖學)에 힘써 다스림의 근본을 세울 것〕, 제4조〔도술(道術)을 밝혀 사람의 마음을 바로 잡을 것〕, 제5조〔심복이 되는 대신을 두어 눈과 귀를 통하게 할 것〕, 제6조〔수양과 반성을 정성스럽게 하여 하늘의 사랑을 이어 받을 것〕 등이다.

'성학십도(聖學十圖)'는 퇴계가 68세가 되던 1568년 12월에 17세의 어린 나이로 즉위한 선조에게 군주에게 요구되는 학문의 핵심을 열 개의 도표로 정리한 상소문을 올렸는데, 이것이 성학십도이다. 이 상소문은 서론격인 '진성학십도차(進聖學十圖箚)'와 '태극도(太極圖)', '서명도(西銘圖)', '소학도(小學圖)', '대학도(大學圖)', '백록동규도(白鹿洞規圖)', '심통성정도(心統性情圖)', '인설도(仁設圖)', '심학도(心學圖)', '경재잠도(敬齋箴圖)', '숙흥야매잠도(夙興夜寐箴圖)' 등 10개의 도표로 구성되어 있다.

성학(聖學)은 성인(聖人)이 되기 위한 학문인 동시에 성인의 참모습을 보고 배우는 것이다. 성학십도는 우주의 원리를 이해하고, 인간과 만물이 하나의 원리에서 나왔다는 사실을 배우면서 점차 인간 내면의 문제를 파헤치고, 마지막에는 수양과 실천에 관한 이야기를 전개한다. 이것은 성학의 내용이 단순한 지식 습득에 있지 않고, 우주와 인간을 연결시키고, 인간의 내면을 분석하여 학문과 실천으로 나아가는 데 있음을 의미한다. 여기에서 성학(聖學)이란 유학을 의미하고, 특히 성리학(性理學)을 지칭한다. 유학의 이상은 성인이 되는 것이다. 인간은 본래 선한 존재이고, 그 원래의 착한 마음만 되찾으면 요임금이나 순임금님 같은 성인이 될 수 있다는 것을 전제로 하고서 성인이 되기 위해서는 어떻게 해야 할 것인가를 가르쳐 주는 것이 유학이다.

유학의 이상은 개인적으로 성인이 되는 것에 그치지 않는다. 기본적으로 유학은 수신에서 시작하여 평천하에 이르는 모든 과정을 포괄한다. 즉, 유학은 성인이 되어 온 천하를 이상적으로 다스리는 것을 궁극의 목표로 하는 것이다. 그런데 현실적으로 천하를 다스리는 사람은 군왕이다.

성학십도의 원래 명칭은 '진성학십도차병도(進聖學十圖箚幷圖)'인데 이를 통하여 알 수 있듯이 이황은 선조가 즉위하자 장차 성군이 되어 온 백성에게 선정을 베풀어 달라는 취지에서 상소문을 지어 올리고, 그 끝에 상소문의 내용을 이해하기 쉽도록 그림을 첨부하였다.

성학십도의 주요 내용을 요약하면 서론격인 진성학십도차(進聖學十圖箚)에서 당시의 임금인 선조에게 성학십도를 지어서 올리는 이유와 목적이 분명하게 드러나 있으며, 성인이 되기 위하여 하는 공부는 마음에서 구해야 함을 강조하며, 깊이 생각하고 충실하게 배우기를 권한다. 여기에서 경(敬)을 계속 지키라고 주의한다. 태극도(太極圖)에서는 성리학의 형이상학에서 근본개념이라 할 수 있는 태극을 설명하였으며, 서명도(西銘圖)에서는 만물의 일체가 되는 것이 인(仁)이라는 내용을 설명하였고, 소학도(小學圖)에서는 일상생활에서의 행동양식과 몸가짐 등을 제시하였으며, 대학도(大學圖)에서는 마음을 수양해 나라를 다스리는 데 목표를 두어야 한다고 설명하였고, 백록동규도(白鹿洞規圖)에서는 《소학》과 《대학》에서 무엇을 어떤 식으로 배워야 하는지에 관해 주자의 백록동규를 인용하여 설명하였으며, 심통성정도(心統性情圖)에서는 마음이 품성이나 감정과 어떤 연관성을 갖는지 설명하여 마음의 수양이 공부의 대상이라는 점을 강조하였고, 인설도(仁說圖)에서는 인(仁)을 자연의 원리로까지 능동성을 강조하였으며, 심학도(心學圖)에서는 인간의 욕심을 제거하고 천리(天理)를 보존하기 위해 필요한 마음공부를 제시하였고, 마지막으로 경재잠도(敬齋箴圖)와 숙흥야매잠도(夙興夜寐箴圖)를 설명하면서 언제나 어디서나 경(敬)으로 일관되어야 한다는 점을 강조하고 있다.

이이는 1558년 23세 되던 해에 예안(禮安)의 도산(陶山)으로 가서 당시 58세였던 이황을 방문했으며, 그 뒤에도 여러 차례 서신을 통하여 경(敬)·격물(格物)·궁리(窮理)의 문제에 대해 의견 교환이 있었다. 그의 저작인 《성학집요》·《동호문답》·《인심도심설》·《시무육조소》·《만언봉사》 등은 모두 임금의 도리와 시무를 논한 명저로, 그의 정치에 대한 태도는 유학자의 이상인 요순시대를 실현하는 것이었다.

성학이란 성인이 되기 위해 배우는 학문, 제왕을 성인으로 만들기 위한 제왕의 학문이라는 뜻으로, 《성학집요(聖學輯要)》는 성인이 되기 위한 학문 중에서도 핵심만을 모으고 간추린 책이다. 《성학집요》는 높은 수준에 오른 율곡 이이의 학문적 업적과 정치개혁을 향한 강한 신념이 집대성된 저작이다. 자기 자신의 완성을 가장 근본으로 보는 수기치인의 이념에 따라 구성되었으며, 특히 《대학(大學)》의 팔조목의 체계를 본 따 유교적 정치 이념과 도덕 이상을 집약하고자 했다.

율곡은 집이 오래되어 서까래가 썩고 기와가 부서지듯이 왕조도 창업하여 200년 정도 지나면 붕괴의 길을 걷는다는 역사의 흐름을 간파하고 있었으며, 바로 율곡의 시대가 그러한 중쇠기(中衰期)라고 그는 진단했다. 그리고 그의 염려대로 그가 세상을 떠난 지 8년 뒤에 임진왜란이 발발했다. 이렇듯 예리한 혜안으로 늙고 병든 조선 왕조를 혁신하기 위해 율곡이 주장한 경장론은 조선 후기에 하나둘 실현되기 시작하여 대동법, 균역법, 서얼허통 등으로 나타났다.

　　이황과 이이는 모두 유교를 기반으로 한 성리학자들이지만 이황은 도덕적 감성과 수양 중시의 주리론(主理論)을, 이이는 경험적 지식과 결과 중시의 주기론(主氣論)을 주장하였다. 《성학집요》는 율곡의 높은 학문적 소양과 정치적 개혁신념을 집대성한 것으로《성학집요》가 쓰일 당시에는 조선사회에서 유교가 일반적인 규범으로 받아 들여졌고, 사회는 안정되어 있었으나 이와 동시에 한계에 다다른 시기로 개혁이 필요했던 때였다. 때문에 율곡은 세부적인 규범과 제도를 정립할 필요가 있다고 판단하였고, 이것이 바로《성학집요》를 집필하게 된 배경이 되었다. 《성학집요》는 개혁과 규범의 의미를 재조명하고 시대를 뛰어 넘어 한국적 리더십의 진면목을 확인할 수 있는 지침서가 될 수 있을 것이다. 《성학집요》에서 성학(聖學)이란 유학이며, 성인이 되기 위한 학문이란 뜻으로 주로 임금이 백성을 올바르게 인도하는 것을 의미한다. 그렇게 하기 위해서는 '임금 스스로 먼저 도덕적 수양을 하고 나서 백성을 다스려야 한다'는 것을 강조한다. 그런데 성학은 반드시 임금에게만 적용되는 것이 아니고 모든 사람에게 적용될 수 있는 실천지침이다. 율곡은 《대학(大學)》에서 나타난 수신제가 치국평천하(修身齊家 治國平天下)의 이념과 체계를 자기의 독특한 이론과 옛 성현의 글을 인용하여 책으로 저술하였는데, 이것이 바로 《성학집요》이다.

《성학집요》는 《대학》의 체제를 따라서 큰 줄거리를 잡고, 여러 유학경전과 역사서를 참조하여 구성했다. 그 내용은 율곡이 서문에서 말한 것처럼 "자신을 갈고 닦아서 인격을 완성하는 수신(修身)을 가장 중요하게 여기고 집안을 가지런하게 하여 주변 사람들이 본받게 만드는 것을 그 다음으로 생각"해서 수기(修己)·정가(正家)·위정(爲政)을 차례대로 다루고 있다. 율곡은 선조가 이 글을 읽고 깨달은 바를 정치에 반영하여 나라가 평안하기를 희망했다.

이 책의 내용은 크게 다섯 부분으로 나누어져 있는데 1편은 '통설(統說)'로 유학의 일반에 관한 것이며, 2편은 '수기(修己)'로 자기자신을 수양하는 방법을 모두 13세목으로 나누어 설명하고 있는데 그의 전체 철학체계가 잘 압축되어 있다. 3편은 '정가(正家)'로 가정을 바르게 하는 것, 4편은 '위정(爲政)'으로 나라를 잘 다스리는 방법 그리고 5편은 '성학도통(聖學道統)'으로 옛 성인들의 계보가 기록되어 있다. 《성학집요》 제4편 위정편에서 율곡은 군주의 역할 가운데 인사(人事)·민의(民意)·윤리(倫理) 및 애민(愛民)을 강조하였다.

율곡은 또한 군주는 도덕적이어야 하며, 성현을 임용할 줄 알아야 하고, 언로(言路)를 개방하여야 하며, 민을 먹여 살리는 경세제민(經世濟民) 정책을 펼쳐야 된다고 하였다. 이러한 군주가 군정을 시행하여 민의 안전을 보호할 때 이를 치(治)라고 할 수 있다고 율곡은 강조했다.

그런데 퇴계는 국왕이 성군으로서 자격을 갖추어 나가는 것과 아울러 당시에 긴급히 처리해야 할 국정의 문제점을 간단히 언급했으나 여기서 자신의 주장을 그치면서 국왕이 성군으로 성장한다면 그러한 문제는 자연스럽게 해결될 수 있을 것이라는 논리인 반면, 율곡은 당시의 문제점을 제시하는 데 그치지 않고 그것을 해결하기 위해 어떠한 정책을 추진하여야 하는지에 대해 구체적인 방안을 상세히 제시했다. 율곡은 성군이 되기 위한 수양과 학습의 중요성을 강조하는 데 그치지 않고 구체적인 정책의 내용과 방향을 건의한 것이다.

조선시대를 대표하는 지식인 이황과 이이 두 사람 모두 성리학의 대가였지만 살아간 길은 달랐다. 조광조의 개혁 실패에 영향을 받은 이황은 현실 정치와는 거리를 두고 학문 연구와 후학 양성에 전념했다. 반면 사림파의 집권에 힘입은 이이는 학문에 정진하면서도 적극적으로 정치에 참여했다.

<고전 이론>

구분		군주 덕목
서구	플라톤	지도자의 인격, 진실성, 참된 실재인식, 경험자, 지성, 국가수호능력, 도덕성, 정의
	마키아벨리	권력의 획득·유지 능력(도덕 또는 악덕수반), 도덕적 행동, 관대, 승리, 정치참여

중국	공자	인(仁), 예(禮), 지(智), 용(勇), 도덕성, 정도, 신뢰, 덕치, 공평
	맹자	인(仁), 의(義), 예(禮), 지(智), 도덕성, 유항산유항심(복지), 왕도정치, 민본사상
한국	이황	인(仁), 경(敬), 도덕성, 인사 능력(심복대신을 둠), 왕도정치
	이이	도덕적 수양, 윤리, 경세제민정책, 인사 능력(성현 임용), 언로개방, 민의(애민)

위의 표에서 알 수 있듯이 동서양을 막론하고 고전이론에서는 공통적으로 모든 학자들이 도덕성을 공통덕목으로 강조하고 있다. 권력의 획득과 유지를 군주의 최고 덕목으로 보았던 마키아벨리도 군주는 때로는 관대하거나 도덕적으로 행동할 수도 있고, 그렇게 보여줄 수도 있으며, 필요하면 악덕처럼 보이는 일들을 서슴없이 행할 수도 있어야 한다고 하였다. 하지만 사악한 방법으로 권력을 얻을 수는 있을지언정 영광을 얻을 수는 없다고 하였다.

(2) 최근 이론

한국의 대통령에 대한 연구는 1980년대까지는 완전한 민주주의가 되기 이전 시대였으므로 대통령에 대한 언급 자체가 통제를 받았다. 그리하여 대통령에 대한 연구가 많지 않았다. 1980년대 후반부터 한국의 정치체제가 권위주의에서 민주주의로 변화되기 시작하고, 1990년대 이후 민주주의의 이행 및 발전 과정에서 대통령에 대한 국민들의 관심이 증가되어 대통령에 대한 연구가 점점 많이 나오기 시작하였다.

대통령의 리더십 행사에 영향을 미치는 요인은 크게 개인적 차원과 정책결정을 포함한 구조적·제도적 차원으로 나눌 수 있다.

정정길(1994)은 정책결정을 포함한 구조적·제도적 차원에서 대통령 리더십을 연구하였다. 정정길은 대통령의 정책결정과 집행을 좌우하는 요인들로 첫째 정부를 둘러싼 경제사회적 환경, 둘째 정부의 내부구조·사람과 정부를 지배하는 통치이념, 셋째 정책내용, 마지막으로 개인적 특성인 자질과 성향을 들고 있다. 그런데 개인적인 특성과 자질은 정책결정·정책집행·구조·제도에도 영향을 미친다고 할 수 있다.

한국에서의 대통령 연구의 이론적 접근방법은 주로 심리적·개인적 접근방법 중심으로 진행되었다. 심리적·개인적 접근방법이라 할 수 있는 한국의 최근 선행연구 이론은 다음과 같은 것이 있다.

안병만(1998 : 255)은 통치자의 자질로서 역사의식, 용기와 결단력, 전문적 식견, 국민과의 일체감, 국제적 감각, 반대의견 수용 등의 항목을 들고 있다. 동일한 설문내용을 가지고 동일 집단의 구성원들을 대상으로 1992년과 1998년의 역대 대통령 평가를 비교한 것이 특징이다.

장성호(1997)는 대통령 리더십 덕목을 8가지 항목으로 설정하여 도덕성, 신뢰성, 이해력과 지혜, 책임감, 적극성, 민주의식, 인내력, 합리성 등으로 들고 있다. 우선순위를 첫째 도덕성, 둘째 신뢰성, 셋째 이해력과 지혜, 넷째 책임감, 다섯째 적극성, 여섯째 민주의식, 일곱째 인내력, 여덟째 합리성 등으로 파악한 것이 특징이다.

박세일(2002 : 83-139)은 한국의 대통령 리더십 덕목을 7가지 항목으로 설정하여 정직·국민사랑·자기희생의 열정, 비전 제시력, 인사 능력, 겸손·소통, 자기관리, 국정시스템 운영 능력, 역사의식 등으로 파악하였다. 박세일은 시대의 변화에 따라 지도자가 대표하고 대변하여야 할 가치가 달라질 수 있고, 지도자가 말과 행동으로 모범을 보이고, 국민에게 호소하고, 강조하여야 할 가치가 달라질 수 있다고 하였다. 따라서 지도자는 그 시대가 요구하는 가치, 시대가 강조하여야 할 가치를 찾아서 이를 '공동체의 가치비전'으로 국민들에게 제시하여야 한다고 하였다.

최평길(2005 : 33-39)은 현대 대중사회가 요구하는 대통령 리더십 덕목을 7가지 항목으로 설정하여 비전 제시, 위기관리 능력 또는 문제해결 능력, 직원과의 인간관계 및 발전역량, 정치협상 내지 조정력, 자신감·결단력·긍정적·낙관적 사고, 전문지식과 강인한 체력, 역사의식과 도덕성 등으로 파악하였다.

신진우(2006 : 124)는 한국 대통령이 갖추어야 할 리더십 덕목으로 도덕성, 신의, 지식, 겸손, 공평성, 위기관리 능력, 커뮤니케이션 능력, 의사결정 능력, 동기유발 능력, 국민 우선적 사고 등의 10가지 항목을 들고 있다. 리더십 연구의 큰 세 가지 관점이라 할 수 있는 특성이론 관점에서 필요하다고 생각되는 5가지 덕목은 도덕성·신의·지식·겸손·공평성이며, 행위이론 관점에서 필요로 하는 3가지 덕목은 위기관리 능력·커뮤니케이션 능력·의사결정 능력이고, 상황이론 관점에서 필요로 하는 2가지 덕목은 동기유발 능력·국민 우선적 사고로 든 것이 특징이다.

함성득(2007. 5. 16)은 대통령이 갖추어야 할 리더십 덕목으로 5가지 항목으로 설정하여 비전 제시 능력, 민주적 정책결정 및 실행 능력, 높은 도덕성, 인사관리 능력, 위기관리 능력 등으로 파악하였으며, 대통령 리더십 덕목 중 비전 제시 능력을 중요시 보았다.

이경선(2008 : 24)은 대통령 리더십 덕목으로 10가지 항목을 설정하여 도덕성, 민주의식, 역사의식과 정의감, 통합력과 의사소통 능력, 적극성과 긍정성 인사관리 능력 및 네트워크파워, 비전 제시력과 추진력, 이지력과 지식습득 능력, 결단력과 순발력, 품격 등으로 파악하였다.

〈중앙일보〉(2010. 2. 18)와 〈중앙SUNDAY〉의 '리더십탐색팀'이 서울대 정치학과 박찬욱 교수 등 외부전문가 8명과 공동으로 4개월간 대통령선거 분석을 통해 연구한 결과 대통령 리더십 덕목으로 8개 항목을 추출하였는데 권력의지, 시대정신·비전, 도덕성, 추진력, 위기대응, 조직력, 지지세력, 통합노력 등이다.

〈동아일보〉(2011. 4. 11)가 서울대 한국정치연구소와 함께 차기 대통령 리더십 덕목으로 14개 항목을 추출한 것은 화합, 신뢰, 소통, 평화, 공평, 민주, 풍요, 안전, 효율, 투명, 자유, 질서, 정의, 배려 등이다. 한국의 오피니언 리더 100인은 14개 리더십 덕목 중 화합(16%)을 차기 대통령 리더십 덕목에서 최우선 가치로 꼽았으며, 신뢰(14%), 소통(12%)이 뒤를 이었다.

〈매일경제신문〉(2012. 1. 1)이 LG경제연구원과 공동으로 설문조사한 결과 차기 대통령 리더십 덕목으로 7개 항목을 추출하였는데 도덕성과 청렴성, 국민과의 소통 능력, 판단력과 통찰력, 강력한 추진력, 따뜻한 인간미, 뛰어난 정치 감각, 다양한 지식 등이다.

한국의 최근 선행연구 이론 10개를 다음 표와 같이 나타내었다. 대통령 리더십 덕목으로 3개 이상의 한국의 최근 선행연구 이론에서 대통령 리더십 덕목으로 선정한 덕목은 도덕성, 시대정신 및 비전, 추진력, 위기대응 능력, 통합력(소통), 인사능력, 국민·국회와 협조(민주적 결정)의 대통령 리더십 덕목이었다.

<한국의 최근 선행연구 이론>

구분	대통령 리더십 덕목
안병만 (1998 : 255)	역사의식, 용기와 결단력, 전문적 식견, 국민과의 일체감, 국제적 감각, 반대의견 수용
장성호 (1997)	도덕성, 신뢰성, 이해력과 지혜, 책임감, 적극성, 민주의식, 이해력, 합리성
박세일 (2002 : 83-13)	정직·국민사랑·자기희생의 열정, 비전 제시력, 인사 능력, 겸손·소통, 자기관리, 국정시스템 운영 능력, 역사의식
최평길 (2005 : 33-39)	비전 제시, 위기관리 능력 또는 문제해결 능력, 직원과의 인간관계 및 발전역량, 정치협상 내지 조정력, 자신감·결단력·긍정적·낙관적 사고, 전문지식과 강인한 체력, 역사의식과 도덕성
신진우 (2006 : 124)	도덕성, 신의, 지식, 겸손, 공평성, 위기관리 능력, 커뮤니케이션 능력, 의사결정 능력, 동기유발 능력, 국민 우선적 사고
함성득 (2007)	비전 제시 능력, 민주적 정책결정 및 실행 능력, 높은 도덕성, 인사관리 능력, 위기관리 능력
이경선 (2008 : 24)	도덕성, 민주의식, 역사의식과 정의감, 통합력과 의사소통 능력, 적극성과 긍정성, 인사관리 능력 및 네트워크 파워, 비전 제시력과 추진력, 이지력과 지식습득 능력, 결단력과 순발력, 품격
〈중앙일보〉와 〈중앙 SUNDAY〉 (2010)	권력 의지, 시대정신·비전, 도덕성, 추진력, 위기대응, 조직력, 지지세력, 통합노력

〈동아일보〉 및 서울대 한국정치연구소 (2011)	화합, 신뢰, 소통, 평화, 공평, 민주, 풍요, 안전, 효율, 투명, 자유, 질서, 정의, 배려
〈매일경제〉 및 LG경제연구원(2012)	도덕성과 청렴성, 국민과의 소통 능력, 판단력과 통찰력, 강력한 추진력, 따뜻한 인간미, 뛰어난 정치 감각, 다양한 지식

대통령학의 세계적인 권위자이며 현재 프린스턴대 정치학 교수인 프레드 그린슈타인(Fred I. Greenstein)은 2000년도에 출간한 그의 저서 《위대한 대통령은 무엇이 다른가(The Presidential Difference)》에서 대통령 리더십 덕목을 6가지 항목으로 제시하였다.

국민들과의 의사소통 능력(public communication), 조직운영 능력(organizational capacity), 정치력(political skill), 비전 제시 능력(policy vision), 인식 능력(cognitive style), 감성 지능(emotional intelligence) 등 6가지로 파악하였다.

현재 하버드대학 존케네디 행정대학원 교수이자 동대학원 정치 리더십 연구소 이사장이며 〈CNN〉 정치해설가로 활동 중인 데이비드 거겐(David Gergen)은 2000년도에 출간한 그의 저서 《CEO 대통령의 7가지 리더십 ; 원제 Eyewitness to Power : The Essence of Leadership Nixon to Clinton》에서 닉슨 대통령부터 클린턴 대통령까지의 20여 년 간 대통령 보좌관 역할을 하면서 대통령의 강점과 약점을 분석하여 이를 토대로 성공적인 대통령이 되기 위한 7가지 대통령 리더십 덕목을 다음과 같이 제시하였다.

리더십은 안으로부터 시작된다(Leadership starts from within), 정책 목표와 비전을 명확하게 정해야 한다(A central compelling purpose), 설득력의 힘을 발휘해야 한다(A capacity to persuade), 국민·의회·언로가 협력해야 한다(An ability to work with the system), 취임 즉시 정책추진에 돌입해야 한다(A sure, quick start), 유능하고 신중한 참모를 등용해야 한다(Strong prudent advisors), 과업 수행을 위해 주변사람들을 고무시킬 수 있는 능력이 있어야 한다(Inspiring others to carry on the mission).

일반 국민들이 대통령에게 요구하는 가장 중요한 덕목에 대해 미국 산타클라라대학교 경영대학원의 책임자인 코우즈스와 포즈너는 미국·아시아·유럽·호주 등 4개 대륙의 약 20,000명을 대상으로 광범위한 범세계적 여론조사를 하였다. 조사한 20개의 덕목 내지 능력은 정직, 선견지명, 사기함양, 유능함, 공평성, 협조적, 넓은 마음, 지적능력, 직선적, 의존적, 용기, 협력, 상상력, 관심, 결단력, 성숙, 야심, 충성, 자제력, 자주력 등이다.

미국에서는 전문가들이 참여해 객관적인 평가 기준을 만들어 역대 대통령의 리더십을 평가하고, 그 결과를 국민과 공유한다. 미국의 공영 케이블 방송인 〈C-SPAN〉이 2000년 처음으로 대통령 관련 역사학자·정치학자·언론인 등 대통령 리더십 전문가 90명이 참여하여 역대 미국 대통령의 리더십을 평가했고, 2009년 동일한 평가 항목으로 2차 조사를 하였다. 대통령 리더십 평가항목(대통령 리더십 덕목)은 대중 설득력(Public Persuasion), 도덕적 권위(Moral Authority), 의회와의 관계(Relations with Congress), 임기동안의 추진력(Performance Within Context of Times), 위기대응 지도력(Crisis Leadership), 국제관계(International Relations), 비전과 의제설정(Vision / Setting An Agenda), 경제 운영(Economic Management), 행정 능력(Administrative Skills), 법치 준수(Pursued Equal Justice For All) 등 10가지로 설정하였다.

미국 학자들의 연구(《C-SPAN》의 대통령 평가방식 포함) 4개를 다음 표와 같이 나타내었다.

대통령 리더십 덕목으로 2개 이상의 미국 학자들의 연구(《C-SPAN》의 대통령 평가방식 포함) 이론에서 대통령 리더십 덕목으로 선정한 덕목은 도덕성, 비전(의제설정), 추진력, 위기대응 능력, 소통(통합력), 인사 능력, 국민·의회와 협력의 대통령 리더십 덕목이었다. 그린슈타인의 대통령 리더십 덕목 6가지 중 조직운영 능력은 대통령 주변에 유능한 인재들을 등용하고 운영할 수 있는 인사 능력에서 나오는 것이므로 광의의 인사 능력으로 보았고, 인식 능력은 광의의 위기대응 능력으로 보았다. 그리고 설득력은 소통(통합력)의 세부 내용으로 파악하였다.

<미국 학자들의 연구 및 미국 공영방송 《C-SPAN》의 대통령 평가방식>

구분	대통령 리더십 덕목
그린슈타인 (2000)	의사소통 능력, 조직운영 능력, 정치력, 비전 제시 능력, 인식 능력, 감성 지능
데이비드 거겐 (2000)	리더십은 안으로부터 시작된다, 정책목표와 비전을 명확하게 정해야 한다, 설득력, 국민·의회·언론가 협력, 취임 즉시 정책 추진에 돌입, 유능하고 신중한 참모 등용, 과업 수행을 위해 주변 사람들을 고무시킬 수 있는 능력

코우즈스 및 포즈너 (1995 : 20-25)	정직, 선견지명, 사기함양, 유능함, 공평성, 협조적, 넓은 마음, 지적 능력, 직선적, 의존적, 용기, 협력, 상상력, 관심, 결단력, 성숙, 야심, 충성, 자제력, 자주력
미국 공영방송 〈C-SPAN〉의 대통령 평가방식 (2000, 2009)	대중 설득력, 도덕적 권위, 의회와의 관계, 임기동안의 추진력, 위기대응 지도력, 국제 관계, 비전과 의제설정, 경제 운영, 행정 능력, 법치 준수

대통령 리더십 덕목으로 무엇을 선택할 것인가는 매우 어려운 문제다. 리더십 덕목은 보는 관점에 따라, 시대와 장소에 따라 달라질 수 있기 때문이다. 앞서 살펴 본 여러 학자들의 견해도 천차만별하다. 그리고 대통령의 경우에는 일반 조직의 리더십과는 또 다른 특성이 있다. 일반적인 리더의 덕목을 있는 그대로 대통령에게 적용하는 것은 별로 바람직하지 않다.

리더가 갖추어야 할 개인적인 덕목으로는 지성, 자기 신뢰, 결단력, 성실성, 사회성 등을 들거나 열망, 용기, 정력, 결단력, 자신감 등을 들기도 한다. 앞서 살펴 본 플라톤의 철인군주, 마키아벨리의 통치 능력(권력의 획득·유지 능력), 공자와 맹자의 성인·군자, 이황과 이이의 인(仁), 도덕적 수양 등의 덕목들도 중요하다. 이런 리더의 덕목들 중에서 '대통령'이라는 특수한 위치에서 필요한 덕목은 무엇일까? 대통령은 순수 개인 입장에서 흠집이 없고, 반듯한 사람일 필요가 있다. '철인으로서의 군주'나 '성인·군자'의 자질이 요구된다. 필자는 이를 총체적으로 '도덕성'이라고 표현하고자 한다. 도(道)는 참된 진리를 말하고, 덕(德)은 참된 진리를 체득하여 몸에 갖춘 상태를 말한다. 도덕성이란 곧 대통령이 한 인간으로서 지성을 갖춘 참된 존재여야 한다는 말이다.

　대통령은 한 나라의 최고 통치권자이다. 그렇기 때문에 부처의 장관이나 기관장, 자치단체장 수준의 리더십과는 차원이 다른 자질이 요구된다. 국가와 국민 전체를 리드하여, 국가 발전에 매진해야만 한다. 국가가 처해져 있는 상황에 맞춰 최선의 목표를 제시하고, 이를 적극적으로 추진해 가야만 한다. 그리고 국가와 국민 전체의 나아갈 바, 국정의 목표를 제시할 수 있어야 한다. 필자는 이를 '시대정신 및 비전' 제시 능력으로 보고자 한다.

　산업화가 국민적 과제이고 요구일 때 성공했던 지도자인 박정희 대통령은 민주화가 시대적 과제이며 국민적 요구일 때는 불가피하게 실패한 지도자가 되지 않을 수 없었다. 시대의 흐름이 달라졌기 때문이다. 마찬가지로 민주화가 시대적 과제이고 국민적 요구일 때 성공한 지도자였던 김영삼 대통령과 김대중 대통령도 적법절차(due process)에 기초한 국가제도의 개혁과 전문성에 기초한 국가경영이 시대적 과제이고 국민적 요구일 때는 불가피하게 실패할 가능성이 높아지는 것이다. 산업화에 능한 지도력이 반드시 민주화에 능할 수 없고 민주화 투쟁에 능한 지도력이 전문적 국가경영에 능할 수 없는 법이다. 때의 흐름과 자신의 방식이 합치하면 성공하고 그렇지 못하면 실패하는 법이다.

　비전을 제시한 뒤에는 이를 달성할 많은 정책을 개발하고 추진하여야 할 것이다. 그런데 구체적인 각 분야의 정책에 대한 것들은 부처 장관이나 기관장들이 책임져야 할 부분이고, 대통령으로서는 특별히 중요한 정책에 대해서만 정성을 기울여야 한다. 국가의 운명을 결정하는 수준의 핵심 정책에 대해서는 철저한 '추진력'이 필요하다. 마키아벨리나 한비자의 법가 사상에서 말하는 군주의 상이 바로 이런 것이다. 추진력 중에서도 국가적 위기에 직면하여 난관을 타개해 나갈 수 있는 강력한 지도력이 중요하다. 국가 시대 상황에 대한 정확한 판단과 함께 때로는 현명한 '위기대응 능력'이 필요하다. 이는 일반 리더와는 사뭇 다른 역량이다.

대통령 수준에서는 각 분야에 맞는 좋은 인재를 적재적소에 배치하여 책임 있게 정책을 추진해 가게 하는 것이 필요하다. 직접 나서서 구체적인 세부 정책들을 담당할 수 없고, 대부분을 위임하여 부처 장관들이 담당케 해야만 한다. 그렇기 때문에 능력 있는 적임자를 선택하여 일을 담당케 할 수 있는 '인사 능력'이 매우 중요하다.

대통령은 최고 통치권자로서 권력을 분점하고 있는 입법부나 사법부, 국민 대중과의 관계가 중요하고, 다양한 이해관계 집단과 분열되기 쉬운 국민들을 하나로 모으는 통치력이 필요하다. 그리고 '통합력'과 함께 '국민이나 국회와 협력'하는 능력이 필요하다.

필자는 위와 같은 이론적 검토와 더불어 대통령 리더십 덕목에 관한 한국의 최근 선행연구 이론, 미국 학자들의 연구 및 미국 공영방송 〈C-SPAN〉의 대통령 평가방식에서 많이 선정한 대통령 리더십 덕목인 ① 도덕성, ② 시대정신 및 비전(의제설정), ③ 추진력, ④ 위기대응 능력, ⑤ 통합력(소통), ⑥ 인사 능력, ⑦ 국민·국회와 협력의 7가지를 대통령 리더십 덕목으로 선정하였다.

역대 한국 대통령이나 한국 대통령이 되려는 후보자가 이 책에서 제시한 대통령 리더십 덕목 7가지를 전부 완벽하게 갖추기는 불가능할 수도 있다. 그러나 국가의 장래를 생각하고 대한민국을 사랑하는 애정 어린 눈으로 관심을 가지고 살펴보는 국민이라면 누가 이들 대통령 리더십 덕목을 상대적으로 많이 지니고 있는지는 알 수 있을 것이다. 그리고 역대 한국 대통령 평가나 한국 대통령이 되려는 후보자를 평가할 때 대통령 리더십 덕목 7가지를 참조하여 여론조사 기관에서 이를 활용한 여론조사를 하여 국민들에게 제시할 수 있을 것이다. 그리하여 단순한 인기도를 넘어서 국민들이 좋은 인격·사상, 도덕성, 시대정신 및 비전을 겸비하고 통합(소통)의 리더십을 갖춘 훌륭한 대통령을 선택하여 정의와 공평이 넘치는 대한민국 건설을 앞당길 수 있을 것이다.

아울러 현직 한국 대통령이나 미래의 한국 대통령은 전임 한국 대통령들의 리더십 덕목을 살펴봄으로써 자신의 약점을 최대한 보완하고 장점을 최대한 활용한다면, 국정 수행을 보다 훌륭히 할 수 있을 것이며, 위대한 지도자로서 역사에 기록될 것이다.

역대 한국 대통령의 시대적·정치적 환경 및 7가지 대통령 리더십 덕목에 의한 역대 한국 대통령의 리더십 덕목을 제3장부터 제10장까지 살펴보기로 한다.

제3장

이승만 대통령

평생 동안 독립운동을 펼친 이승만은 해방정국에서 체험적으로 공산당의 함정을 간파했다. 그는 동·서양의 수준 높은 교육을 받아 풍부한 지식을 바탕으로 국제정치의 중심부로 떠오른 워싱턴에서 독립운동 외교를 펼치며 항상 국제정치 관점에서 한반도 문제를 통찰했다. 이런 안목과 통찰력이 남한 단독정부 수립의 불가피성을 인식하게 만들었으며, 공산당의 전략과 본질을 꿰뚫고 있었다.

이승만은 1945년 해방이 되자 곧바로 귀국해서 대한민국 대표 민주의원 의장 등을 맡아 정부 수립을 위한 작업에 나섰다. 그는 먼저 12월 모스코바 3상회의에서 미·소가 한반도를 5년 동안 신탁통치하기로 결의하자 김구·김규식과 함께 반대성명을 발표, 반탁운동을 활발히 펼쳤다. 그는 신탁통치를 무산시킨 후 1946년 6월 남한만의 단독정부 수립 계획을 발표했으나 같은 우파로 활동했던 김구·김규식으로부터 남북분단을 영구화시킨다며 적극적인 반대에 봉착했다.

반면 북한은 같은 해 1월 5일 한국의 간디이자 민족지도자인 조만식을 신탁통치에 결사반대한다는 이유로 고려호텔에 감금시킨 후 실종되었으며, 소련군이 임명한 단일후보 선거를 실시하여 공산정권이 통치하고 있었다.

통일정부 수립을 주장한 김구는 "38선을 베고 죽을지언정 분단은 안 된다"며 남북협상을 제창, 1948년 4월 19일 북한으로 들어가 남북정치회담을 가졌으나 실패했다. 그는 정부 수립에 참가하지 않고 중간파 거두로 남았다. 통일정부를 수립하려고 애쓴 김구의 뜻은 물론 훌륭했지만 어차피 당시의 내외정세, 특히 북한의 사정은 이를 허용하지 않았다. 우여곡절 끝에 1948년 5월 10일 유엔의 감시아래 남한만의 총선거가 실시되었고, 이승만은 무투표로 당선되었다. 그는 같은 달 30일 제헌의회 의장으로 선출되었으며, 7월 17일 대통령제 헌법을 제정했고, 7월 20일 재적의원 198명 중 180표를 얻어 초대 대통령에 당선되었다. 그때 그의 나이는 73세였다. 이승만은 8월 15일 중앙청(구 총독부 건물)에서 평생 꿈에 그리던 대한민국 정부 수립을 공식 선포했다. 남한은 유엔의 승인을 받아 국제적 정통성을 확보했다.

이승만은 1950년 6·25전쟁이 발발, 국군이 패배를 거듭하고 3일 만에 북한군이 서울을 함락했는데도 "국군이 잘 싸우고 있다"며 국민을 속이는 방송을 계속했다. 자신은 피난을 가면서도 국민에게 거짓말하는 태도는 국가지도자로서 자격이 없음을 말해준다.

또한 그는 자신의 권력기반을 구축하기 위해 친일파들을 대거 기용, 반민특위를 와해시키기도 했다. 전쟁 와중인 1951년 12월 자유당을 창당, 총재에 취임하는 등 6·25전쟁을 자신의 권력기반 강화에 최대한 활용했던 것이다.

이승만은 1952년 대통령 임기가 끝날 때 국회에서 간접선거로는 당선되지 못할 것이 확실해지자 백골단 등 정치깡패를 동원해서 국회해산을 요구하는 시위를 벌였다. 그는 부산과 경남, 전·남북에 계엄령을 선포하고 부산 정치파동을 일으켜 대통령직선제를 강행했다. 이에 김성수(金性洙) 부통령이 이승만을 규탄한 후 국회에 사표를 제출했고, 국회는 7월 4일 경찰의 포위 속에 발췌개헌안을 기립, 통과시켰으며, 8월 5일 직선제 정·부통령선거가 실시되어 대통령에 재선되었다. 그는 1954년 11월 19일 자신의 심복인 이기붕 국회의장을 내세워 초대 대통령 중임 제한을 폐지한 개헌안이 1석 모자라 부결되었음에도 사사오입(四捨五入)론을 내세워 통과시켰다. 이것은 헌법을 유린한 행위로서 그는 점차 독재의 수렁 속에 빠져들었다. 사사오입 개헌안은 법적인 요건을 갖추지 못한 불법 헌법으로서 이후 헌정은 사실상 중단상태였다고 볼 수 있다. 따라서 1956년과 1960년의 대통령선거는 원인무효의 불법선거에 해당되며, 그는 법적으로도 대통령으로 인정받기 어렵다.

이후 이승만 독재체재는 그의 한없는 권력욕과 추종자들의 '과잉충성'이 보태져 자멸하고 말았다. 경무대 경찰서장(현재의 대통령 경호실장)으로 막강한 권력을 휘두르던 곽영주는 국무위원과 장성들의 만류에 핀잔을 주며 권총을 들고 4·19 시위대에 총격을 명령했다.

이승만은 그의 경력과 소신으로 해서 엄청난 카리스마를 뿜어내는 국가지도자로 추대되었고, 이것이 해방 뒤의 혼란과 6·25전란에서 국가를 세우고 그 국가를 지켜가는 데 구심점이 되었다.

말년에 그는 인의 장막에 둘러 싸여 민중과 멀어졌으며, 경제개발에 대한 생각이 거의 없어 시대에 뒤떨어진 지도자로 전락하였고, 그러한 그를 국민들은 4·19를 통해서 과감히 버렸던 것이다. 그러나 건국의 지도자로서 이승만의 공로는 대한민국이 계속되는 한 영원히 기억될 것이다.

1. 도덕성

이승만 대통령은 6·25전쟁의 와중에 부산 정치파동을 일으켜 대통령 직선제로 개헌하며 계속 집권하였다. 부산 정치파동은 그 과정이 반민주적이고 폭력적이었다는 점에서 자신이 건국의 원칙으로 내세웠던 자유민주주의를 스스로 파괴한 첫 번째 사건이라 할 수 있다. 부산 정치파동을 낳았던 직선제 개헌 이후에도 그는 4사5입 개헌을 밀어 붙여 장기 집권을 허용하는 개헌을 강행했다. 그럼으로써 자유민주주의 헌정 질서와 제도의 근간을 파괴하였고, 마침내는 3·15 부정선거를 저질러 4·19 학생혁명을 자초하여 정치적으로 몰락하였고, 마침내 하와이 망명길에 오르게 되었다. 부정선거의 대명사처럼 불리는 3·15 부정선거는 1960년 제4대 정·부통령 선거과정에 일어난 사건을 말한다.

이승만 대통령은 권력욕에 대해서는 절제가 없었으나 권력형 비리와는 거리가 멀었다. 재임 중에도 양말을 꿰매어 신을 정도로 청렴하고 검소했으며, 헌 양복을 입고 헌 구두를 신고 다녔다고 한다. 이승만 대통령은 자신과 친인척들의 부정축재에 연루되지 않은 깨끗한 인물로 일반적으로 국민들에게 기억되고 있다.

이승만 대통령은 1945년 8·15 이래 미국의 절대적인 후원을 받아 1948년 대한민국 초대 대통령이 되었지만 민족의 최대 숙원이라고 할 수 있는 반민족 행위자 처벌을 공권력으로 무산시키고, 친일에 앞장섰던 지주와 자산가들이 중심이 된 한국민주당(한민당)과 손을 잡았다.

그런데 이승만 대통령은 동서양의 가장 수준 높은 교양을 두루 섭취한 바탕 위에서, 세계 정치의 중심부인 워싱턴에서 외교를 통한 독립운동을 펼치면서 항상 국제 정치적인 관점에서 한반도 문제를 통찰하였다. 그는 또 체험적으로 공산주의 노선의 함정을 간파하였다. 이런 안목과 통찰력이 해방 후 정국에서 그를 건국의 지도자로 만들었다. 이승만 대통령이 단독정부 수립을 강행한 배경에는 공산당의 전략과 본질을 꿰뚫어본 그의 남다른 통찰과 소신이 있었던 것이다.

이 대통령은 오랜 외국 생활 때문에 훌륭한 외교력을 보여주었으며 건국의 초석을 다지는 데 노력하였다는 점에서는 신뢰성을 보여주었다.

2. 시대정신 및 비전

이승만 대통령은 우리의 의사와 관계없이 외부로부터 주어진 조건이었던 냉전 하에서 분단국가를 건설하는 데 가장 적합한 리더십을 갖추고 있었다. 그래서 그는 분단과 전쟁이라는 어려운 상황 하에서도 근대국가를 건설함으로써 그에게 맡겨진 시대적 소명을 다했고, 2차 대전 이후 가장 큰 규모의 정규전이었던 한국전쟁을 미국의 힘을 빌려 치러냄으로써 신생국가를 수성한 공로가 인정된다. 또한 헌법을 비롯해서 신생국가의 기본 틀을 만든 한국은 건국과 동시에 서구의 자유민주주의체제를 도입하였다. 이로써 입헌주의, 국민기본권, 보통평등선거, 복수정당 간 경쟁, 3권 분립 등이 헌법에 규정되었다.

이승만은 공산주의·좌파세력과의 대결 속에서 미국식 자유민주주의체제를 남한에 수립하는 데 누구보다 앞섰다. 즉, 국민들에게 있어서 민주주의국가 건설과 함께 반공 세력을 없애고자 하였던 것이다. 그는 통일의 열망을 북돋우면서도 다른 한편으로는 신생 민주공화국의 주권자로서의 국민적 정체성을 창출해야 하는 이율배반적인 목표를 추구하지 않을 수 없었다. 신생 정부를 어렵게 한 것은 조선민주주의인민공화국이라는 북쪽의 경쟁자를 강하게 의식하면서 이러한 과업들을 수행해내지 않으면 안 되는 상황이었다.

그리고 국가체제를 안팎으로 확립하는 과제가 있었다. 대외적으로는 신생 대한민국이 국제사회에서 승인을 받아야 했다. 대내적으로는 당시 혼미한 제반 경제사회적 상황에서 적의(適宜) 대처해 나가면서 일제로부터 미군정을 거쳐 넘어온 각종 제도와 법률들을 혁신하고 정비하여 민주공화국에 맞는 것으로 환골탈태시켜야 한다는 만만찮은 과제가 도사리고 있었다. 이 대통령은 반공을 최고의 당면 과제로 설정함으로써 식민지 잔재 청산은 부차적인 것으로 생각했던 역사의식에 문제가 제기된다고 할 수 있다.

이승만 대통령은 반대세력을 제압해가면서 국가체제를 정비하는 것과 더불어 가장 긴박한 과제는 초창기 국민적 정체성을 확보해가는 것이었다. 여기에서 기본적인 전제로 요청된 것이 바로 식민지 인적 잔재를 청산하는 민족의 정화문제, 즉 반민족행위 처결법과 반민 특별위원회의 설치·운영과 관련된 사안이었다. 문제는 이승만 대통령이 이에 소극적이었다는 데 있다. 이 대통령으로서는 특히 막 출범한 취약하기 짝이 없는 국가의 생존을 가장 중시한 나머지 반공을 최고의 당면 과제로 설정하였다. 그런 이유로 식민지 잔재 청산은 부차적인 과제로 치부하였으나, 그는 건국의 초석을 다졌다.

3. 추진력(국정수행 능력)

이승만 정부는 남로당의 영향력 차단과 더불어 당시 유력한 지주 정당인 한민당 세력을 약화시킴과 동시에 국민의 대다수를 점하고 있는 농민들을 포섭하기 위해서라도 농지개혁을 단행하지 않을 수 없었다. 이로써 농지개혁은 일차적으로는 농민 포섭이라는 이 대통령의 정치적 목표를 달성해줄 수 있었으며, 주권자인 국민들로서는 아쉬우나마 물질적 토대와 계층적 기반을 갖추어 국민적 정체성을 확보할 수 있었고, 그 결과 신생 대한민국이라는 국가가 지속될 수 있는 여건이 마련되었다. 반면 지주계층의 몰락은 결과적으로 대한민국의 산업화와 민주화를 위한 장애물을 없애줌으로써 향후 역사 전개에서 중요한 변수로 작용하게 되었다.

이승만 대통령은 전쟁기간 동안의 적지 않은 실정에도 불구하고 숱한 내외의 도전에 맞서 부산 정치파동과 같은 무리를 범하면서도 재선에 성공했다. 그리고 이어 마침내 휴전을 맞는 과정에서는 한미방위 조약과 군사적·경제적 원조를 통해 국가안보체제를 공고히 하는 등 국가건설의 초창기 작업을 성공적으로 마무리 지을 수 있었다.

그런데 이승만 대통령은 초창기 독립국가로서 할 일이 산적한데도 경험과 훈련이 부족한 관료들에게 권한을 위임하지 않고 국가운영을 거의 홀로 부담하고 관장하였다. 따라서 행정관리의 제도화 수준이 낮았기 때문에 이 대통령의 국정수행 능력은 미흡하였다고 할 수 있다.

4. 위기대응 능력

대한민국에 대한 최대의 도전은 북한으로부터 왔다. 6·25전쟁은

숱한 인명을 살상하고 재산을 파괴함으로써 국민들을 고통과 가난 속으로 몰고 갔지만, 한편에서는 이를 격퇴하는 과정에서 국가 체제의 정비와 국민적 정체성이 형성되는 등 의도하지 않은 결과를 가져와 대한민국의 모습을 혁명적으로 변모시킨 역사적인 사건이 되기도 하였다.

6·25전쟁의 발발과 관련해서는 무엇보다도 국가 최고 지도자로서 이승만 대통령의 위기대응 능력에 중대한 하자가 발견된다. 먼저 냉전 종식 이후 구 소련의 문서들이 속속 발굴됨에 따라 누가 전쟁을 일으켰는가에 대한 그동안의 논란은 이제 깨끗하게 종료되었다. 다만 전쟁 발발 이전 '점심은 평양, 저녁은 신의주' 따위의 터무니없는 허언을 일삼았던 무능한 군 지휘부의 책임은 말할 것도 없거니와, 이들을 등용하고 또한 스스로 비현실적인 북진통일론을 제창한 이 대통령 역시 책임을 면키 어려울 것이다.

전쟁 초기 대응 면에서도 이승만 대통령은 국가 최고 지도자로 보기 의심스러운 모습을 보여주었다. 특히 "국군이 북한 공산군을 격퇴하고 있으니 안심하고 그대로 서울에 있기 바란다"는 이 대통령의 대국민 라디오 녹음방송과 한강 인도교 폭파는 불필요한 희생을 초래하였고, 이후 도강파와 비도강파의 갈등은 국민 간의 소모적인 갈등을 일으키는 계기가 되었다.

이승만 대통령 주위에는 자유당 강경파가 득세하고, 경무대 비서가 대통령의 접근을 차단함으로써 그는 그나마 여권 내에서도 완전히 고립되고 만다. 이에 대해서는 관련자들에게 일차적인 책임이 있겠지만 집권욕과 명예욕에 사로잡힌 나머지 인사에서 실패한 대통령에게 가장 큰 책임을 귀착시키지 않을 수 없다.

이승만 대통령은 국민과 군 그리고 미국으로부터 고립되자, 4월 26일 학생과 시민대표에게 "국민이 원한다면 하야하고, 3·15 부정선거는 다시 한다. 그리고 이기붕은 모든 공직에서 물러나는 동시에 내각책임제 개헌을 한다"는 약속을 했다. 이어서 11시 방송을 통해 직접 하야를 발표하고, 다음날 정식으로 '대통령사임서'를 국회에 제출했다.

이승만은 "학생들이 데모한다는 것은 젊은 세대가 살아 있다는 증거요, 일본이 다시는 한국을 침범할 수 없게 되었다"고 높이 평가하기도 했다. 4·19혁명 과정에서 그는 학생과 국민대표의 요구를 전적으로 수용하였고, 즉각적으로 퇴진함으로써 최소한의 명예를 지켰으며, 노자와 마키아벨리가 공통으로 강조한 최악의 지도자, 즉 국민으로부터 멸시와 미움, 증오와 조롱을 받는 지도자로 추락하는 것은 피할 수 있었다.

5. 통합력(소통)

대한민국 단독정부 수립이긴 하지만 이승만 대통령은 대한민국의 건국을 위해서 보여준 그의 대통령 리더십은 탁월하다고 할 수 있다. 1948년 8월 15일 상오 0시를 기하여 미군정은 마침내 종결되었다. 중앙청 광장에서 거행된 대한민국 수립 선포식에는 맥아더 장군이 귀빈으로 참석하여 축하해 주었으며, 성조기는 내려지고 태극기가 게양되었다.

이승만 대통령은 식사(式辭)를 통하여 건국의 정신으로 민주주의 신봉, 인권과 개인의 자유보호, 언론의 자유, 상호이해와 협조, 노동자와 농민들의 생활향상, 경제발전과 노사협조, 국제친선과 경제협력, 국민의 충성심과 책임의 중요성 등을 특별히 강조하였다. 그리고 이 대통령은 막 출범한 취약하기 짝이 없는 국가의 생존을 중시하여 반공을 최고의 당면 과제로 설정하였으나, 식민지 잔재 청산은 부차적인 과제로 생각하였다. 그럼에도 불구하고 그는 농지개혁을 지지하는 진보적 리더십을 보이기도 했다.

이승만 대통령 당시 국민통합을 위해 가장 절박했던 당면 과제는 무엇보다도 농지개혁이었다. 1949년 당시 한국의 노동력 인구의 70.9%가 농민이었고, 그중 대부분이 소작농이었다. 그리고 미군정 하에서 정부 소유 농지에 대해서는 이미 개혁을 실시한 바 있고, 북한 또한 해방 이듬해 전면적인 토지개혁을 실시하여 농지개혁 자체는 더 이상 미룰 수 없는 과제가 되었다. 그리고 제헌 헌법에서도 농지는 농민에게 분배한다(86조)고 규정되어 있었다. 이러한 상황에서 이승만 정부는 남로당의 영향력 차단과 더불어 당시 유력한 지주정당인 한민당 세력을 약화시킴과 동시에 국민의 대다수를 점하고 있는 농민들을 포섭하기 위해서라도 농지개혁을 단행하지 않을 수 없었다.

지역감정이란 특정한 지역에 살고 있거나 그 지역 출신인 사람들에게 다른 지역 사람들이 갖는 좋지 않은 생각이나 편견을 가리키는 말이며, 세대차이란 서로 다른 세대들 사이에 있는 감정과 가치관 및 생활방식 등의 차이를 가리키는 말이라고 할 수 있는데, 이승만 대통령 당시는 현재와 같은 지역·세대 간 갈등이란 없었다고 할 수 있다.

이승만 대통령은 민심을 몰랐고 국민과 소통하지 않았으며, 정부의 방침에 반대하면 공산주의로 간주하면서 국민이 무엇을 원하고 국민을 위해 무엇을 해야 하는지 귀 기울이지 않았다. 따라서 3·15 부정선거를 저질러서 4·19 학생혁명을 일어나게 했으며, 마침내 대통령의 자리에서 물러나게 되었다.

입법적 리더십이란 대통령이 구상한 정책이 국회의 의결을 통해 제대로 법제화되어 옳은 정책집행으로까지 발현되도록 하는 과정에서의 리더십을 가리킨다. 대통령이 입법적 리더십을 갖기 위해서는 여당과 야당 또는 국회와 행정부 사이의 조정자로서 강한 정치력을 갖고 국회에서 법률을 제정하도록 유도함으로써 정책의 법률화를 이룩하는 것을 말한다고 할 수 있다.

그러나 이승만 대통령은 제왕적 대통령으로서 법안 처리를 위해 국회와 정치권 협조를 이끌어 내기보다는 자신의 3선 연임을 위해 헌정 질서를 유린하여 1954년 11월 29일 헌법 개정안의 불법 통과 사건인 4사5입 개헌과 1960년 3·15 부정선거를 자행하여 민주주의의 핵심인 법치를 지키지 못함에 따라 1960년 4·19 학생혁명으로 인해 반강제적으로 권좌에서 물러났다.

6. 인사 능력

이승만 대통령은 인물 등용의 능력보다는 발탁한 인물을 충성토록 만드는 능력이 두드러졌다는 평가를 받았다.

하도 사람을 구하기 어려우니까 심지어 거리에 조선조 시대를 연상케하는 '인물 천거함'까지 등장했을 정도인 당시의 취약한 인력층을 감안하더라도 독립운동의 공로자들이 망라됐어야 할 건국 초대 내각에 해외 유학파 출신의 측근들이나 친일 관료들을 과거청산 없이 발탁한 점은 아쉬운 점이다.

집권 기간 동안의 잦은 개각에서 인선 기준도 자질이나 능력 및 전문성보다는 충성심에 좌우됐으며, 즉흥적·파격적인 인사도 적지 않았다는 지적이다. 이북 출신의 기용을 과시하기 위해 초대 국무총리로 무명의 이윤영 목사를 지명한 점이나 자신에게 보낸 편지 한 장을 이유로 시골농부(윤건중)를 농림장관에 임명했다 한 달 만에 교체한 점 등이 대표적인 사례로 꼽혔다.

미국 중앙정보국의 극비문서 중 1990년에 기일 해제된 비밀보고서(1952년 4월 작성)에는 이승만 대통령의 초기 인사정책을 평가하는 내용이 있다. 보고서에 따르면, 이 대통령의 내각 각료 인선은 자격요건이나 적재적소 등의 능력을 무시하고 자신에 대한 '충성도'만을 척도로 기용했다고 비판했다.

이승만 대통령은 발탁한 인물을 충성토록 하는 용인술에 두드러졌으나 해외 유학파를 중심으로 하는 측근 세력을 형성하여 인의 장막을 침으로써 국가운영을 '궁정정치'로 이끌어 갔다. 이렇게 점차 고령이 되면서 그는 주변에 포진하고 있던 극소수 강경파의 포로가 되었고 국민과의 소통은 단절되었다. 이승만 대통령은 사람을 한 번 버리면 다시 안 썼다고 하는데 유일한 예외가 백선엽 장군이었다고 한다.

이승만 대통령의 인사 운용의 실패는 군부 통솔에서도 단적으로 드러났다. 국군은 태생에서부터 광복군계와 만주군계, 일본군계라는 복잡한 기원을 갖고 있었다. 이 대통령은 이들을 오로지 단기적 차원에서 분할 지배하는 전략으로 일관하였다. 특히 방첩부대와 헌병총사령부를 신설하여 군을 정치적으로 이용하였다. 그리하여 군내 서열상의 부조화가 자주 나타났고, 그로 인해 '김창룡 암살사건'에서 나타났듯이 군내 소외세력에 의한 일탈행위까지도 등장하였다. 특히 군의 정치화를 방관 내지는 조장하면서 군 예산을 자유당이 전용함에 따라서 군의 부정부패와 군정유착 등의 숱한 병폐가 발생하였고, 이로 인해서 후일 쿠데타가 발생할 토양이 형성되었다. 그리고 한편에서는 특무대와 같은 사찰기구가 정치에 깊숙이 개입하는 길을 열어놓기도 했다.

7. 국민·국회와 협력

이승만 대통령이 조선 왕가의 후예로서 유교적 덕치이념을 실현하고 공자가 말한 천하위공(天下爲公)의 정치를 펼쳤다면, 또한 대한제국 시대부터 감리교 신자로서 예수의 '애통해하는' 리더십을 발휘하여 식민지, 분단, 전쟁으로 신음하는 서민을 끌어안아주고 미국식 민주주의를 배운 정치학 박사로서 민주주의의 핵심인 법치를 철저히 지켰다면, 일련의 자유 헌정주의의 파괴행위로 인해 국민이 봉기해서 권자에서 반강제적으로 쫓아내는 일도 없었을 것이며, 그랬다면 그는 대한민국을 건국한 국부로서 존경받으며 자신이 사랑하던 조국에서 생을 마칠 수 있었을 것이다.

이승만 대통령은 1960년 4월 26일 "국민이 원한다면 대통령직에서 물러나겠다"고 언명하고 하야 성명을 발표하였다. 그리고 대통령직에서 물러난 뒤에도 국민의 한 사람으로서 국가와 민족을 위해 바치고 싶다고 했다. 왜 좀 더 일찍 국민이 원하는 뜻을 받아들이지 못하였는지 아쉬울 따름이다.

이승만 대통령은 자유민주주의의 원리와 반공주의의 실제가 충돌할 때마다 항상 반공주의를 선택했다. 반공의 이름으로 정적을 탄압하였고, 그는 자파 세력을 결집하여 정당을 만드는 한편, 직선제 개헌안을 제출하였다. 이 대통령은 이어서 '민의를 배반한 국회의원'의 소환을 요구하는 관제 데모를 통해 야당을 압박하다가 그것도 여의치 않자 비상계엄령을 선포한 가운데 야당의원을 체포하는가

하면 물리력으로 국회를 압박하였다.

이승만 대통령의 사직서 내용은 "나 이승만은 국회의 결의를 존중하여 대통령의 직을 사임하고……"로 되어 있다. 왜 좀 더 일찍 국회와 협력하지 않고 무고한 희생을 치른 후에야 이런 말과 행동이 따랐는지 안타까울 따름이다.

제4장
박정희 대통령

　1961년 5월 16일 군사쿠데타 성공으로, 1960년 4·19혁명을 계기로 이제 막 시작된 한국 민주주의의 꿈은 제대로 개화할 기회도 가져보지 못한 채 꺾여버렸다. 그리고 민주주의를 회복하기 위한 길고 험한 장정이 또 다시 역사 앞에 드리워졌다.

　박정희는 쿠데타에 성공하자 군사혁명위원회 부의장에 취임했다. 그는 상당수 군 동료 및 후배 장교들로부터 신망이 두터운 반면, 일부 선배 장교들로부터는 별로 신임을 받지 못했다. 미국은 군사쿠데타를 저지하기 위해 윤보선에게 군 출동을 승인해줄 것을 건의했지만 거절당했다. 그리고 그는 박정희를 청와대로 불러 '장면 정권의 각료를 절대로 해치지 않겠다'는 요지의 육성방송을 하도록 한 다음, '계엄령 추인'을 방송했다.

　박정희는 1961년 7월 국가재건최고회의 의장에 취임했으며, 1961년 11월 14, 15일 이틀간 백악관에서 케네디와 회담을 가졌다. 우여곡절 끝에 성사된 그의 방미는 민정이양 약속이 나왔기 때문에 가능했다. 그는 4박 5일 간의 미국 방문 동안 워싱턴 내셔널기자클럽과 아시아협회, 아시아재단 연설을 통해 5·16 군사쿠데타의 불가피성을 역설하는 한편, 1963년 여름까지 민정으로 이양할 것임을 다짐했다. 그는 케네디와 회담에서 "공산주의의 팽창 저지를 위해 한미 양국이 공동 노력하고, 이를 위해 미국은 한국이 필요로 하는 군사원조를 제공한다"는 약속까지 이끌어냄으로써 자신의 좌익사상 논쟁에서 벗어났다. 그는 나아가 "월남에 한국군을 파견할 용의가 있다"고 언급해 주목을 받았다.

미국은 5·16 이후 한동안 한국에 대한 경제 원조를 일체 중단하고 7월 26일까지 군정승인을 보류했다. 군정은 이와 같은 상황에서 8·16 민정이양 성명을 발표, 중단되었던 한미 경제협의가 재개되고 미국의 경제원조가 시작되었다.

박정희는 미국과 일본의 경제지원 약속을 바탕으로 자신의 평소의 꿈인 경제적 자립을 위한 본격적인 경제개발에 착수했다. 그는 1962년 1월 1일, 제1차 경제개발 5개년계획 실시에 들어갔는데, 경제개발계획은 이미 장면정권에 의해 수립된 것이었다. 당시 한국경제는 1인당 국민소득(GNP)이 83달러로 세계 98위의 최빈국을 면하지 못했다.

1960년 10월에 발간된 미국의 〈파린어페어즈(Foreign Affairs)〉는 당시의 한국경제를 다음과 같이 묘사했다.

"실업자는 노동인구의 25%, 1960년 국민 1인당 GNP는 100달러 이하, 전력산출량은 멕시코의 6분의 1, 수출은 200만 달러, 수입은 2억 달러, 이래서 한국경제 기적의 가능성은 전혀 없다. 경제성장의 조건은 북한이 남한보다 순조로운 상태에 있다. 결국 한국인들이 직면한 선택은 서울이냐, 평양이냐 하는 것이다."

박정희는 경제개발을 추진하기 위해 재원이 필요했고, 이를 위해 한일 국교수립을 서둘렀다. 1962년 11월 김종필·오히라(大平) 메모를 통해 36년 동안 한일합방에 대한 보상금 지급과 국교수립 원칙에 합의했다.

그는 1963년 2월 대통령 출마를 선언, 미국과의 민정이양 약속을 어겼다. 이어 10월 15일 윤보선 후보와 사상 논쟁을 불러일으킨 가운데 '신라 임금님론'의 영남지역 민심을 내세워 15만 표 차로 간신히 5대 대통령에 당선되었다. 박정희는 케네디가 불의에 암살당함으로써 민정이양 약속을 이행하지 않아 처했던 위기를 모면할 수 있었다. 11월 25일 케네디 장례식에 참석하기 위해 미국을 방문한 그는 쿠데타 세력에 대한 지지와 경제지원을 더욱 확고히 했다.

박정희 대통령은 1964년부터 경제개발을 추진할 재원 마련을 위해 대외활동을 적극 전개했다. 그는 먼저 정권을 걸고 한일수교회담을 서둘렀다. 그러자 대학생들을 중심으로 전국에서 굴욕외교 반대 데모가 불길처럼 번졌다. 위기에 처한 그는 1964년 6월 3일 비상계엄령을 선포하여 반대데모 차단에 나섰다. 1965년 5월 22일 대일 청구권 자금 문제를 포함한 한일협정을 비준했으며, 비준동의안은 8월 13일 국회에서 통과되었다. 그리고 12월 18일 한국과 일본이 비준서를 교환하여 정식 수교하게 되었다. 이로써 지난 15년을 끌어온 한 일 국교정상화가 실현되었다. 이어 그는 1964년 12월 독일을 방문, 경제개발 차관 지원을 약속받았다. 그는 뤼프게와 정상회담을 갖고 공동성명을 발표, 같은 분단국가로서 평화적인 국토 재통일에 대한 신념을 표명하고 경제개발이 통일실현의 가장 중요한 무기라는 데 인식을 같이했다. 그는 아우토반을 시찰하고 경부·경인·호남고속도로 건설을 구상했다. 이후 뤼프게도 1967년 방한하여 독일의 경제지원 방안을 집중 논의했다.

박정희 대통령은 1965년 미국을 방문하여 존슨과 정상회담을 갖고 자신의 야심에 찬 경제개발계획에 대한 적극적인 지지를 이끌어냈다. 그는 1965년 1월 8일 베트남 파병 결정과 9월 25일 맹호부대 파병으로 보답했다. 이 자리에서는 한일 국교정상화 이후 한·미·일 관계 정립과 한국의 베트남 참전, 한미방위조약, 주한미군 계속 주둔 등을 재확인했다. 특히 남북한 전쟁 발발 시 미군의 자동개입으로 확대시키는 등 한미 안보관계가 밀월관계로 접어들었다.

미국은 1966년 2월 한국군의 파병 확대를 요구하면서 경제와 군사지원 확대를 약속한 '브라운 각서'를 전달했다. 그는 존슨으로부터 베트남 파병을 확대한 대가로 철저하게 경제개발의 실리를 취했다. 즉, 파병된 한국군의 모든 보급물자를 한국에서 구입해 지급하며 베트남 건설과 용역사업에 한국기업을 참여시켰다. 이에 따라 우리나라는 1970년대 중반까지 베트남 특수를 누리게 되었으며 엄청난 경제개발 재원을 확보했다.

그는 한미 밀월관계를 활용하여 1966년 10월 필리핀 마닐라에서 열린 월남참전 7개국 정상회담을 주도하였다. 하지만 베트남 파병문제는 '용병' 시비를 낳았고, 그로 인한 제3세계로부터 외교적 고립 등의 후유증도 컸다.

1967년 5월 3일 대통령선거에서는 경제개발에 어느 정도 성과를 거두기 시작한 박정희가 윤보선과 다시 대결하여 근대화 논쟁을 통해 116만 표 차로 압승, 제6대 대통령에 당선되었다. 그는 1968년 1월 21일 북한 특수부대인 김신조 일당의 청와대 습격사건을 시작으로 온갖 남침 위협에 시달렸다. 같은 달 23일에는 미국 푸에블로호 납치사건이 발생, 미국 항공모함이 원산 앞바다에 진입하자 전쟁 발발 일보직전까지 갔다. 그는 예비군을 창설하는 등 정면 대응했다. 이에 따라 1968년 11월에 발생한 울진·삼척 무장공비 침투사건과 1974년 11월의 남침용 땅굴 발견, 1976년의 미군장교 살해 판문점 미루나무 도끼만행사건이 발생, 그는 "미친개에는 몽둥이밖에 없다"며 전쟁불사와 강력한 응징을 천명했다.

박정희와 미국의 밀월관계는 1969년 8월 닉슨과의 샌프란시스코 정상회담을 계기로 종지부를 찍었다. 닉슨은 '아시아 방위는 아시아인에게'라는 닉슨 독트린을 재확인함으로써 한미 양국은 틈이 벌어지기 시작했다. 닉슨은 그해 7월 괌에서 닉슨 독트린을 발표하고 주한미군 중 사단의 철수를 발표했다. 양국관계는 미국이 베트남에서 손을 떼고, 한국군도 병력을 철수하면서 급속히 냉각되었다.

대미 불신과 함께 국가안보에 위기를 느낀 박정희 대통령은 1969

년 9월 14일 3선 개헌을 강행·통과시켰다. 이 개헌안은 야당은 물론 여당 국회의원 3명도 반대한 가운데 심야에 여당 단독으로 처리했다. 이때부터 그는 사실상 독재의 길로 들어섰다.

그는 1979년 10월 26일에 암살당할 때까지 비상계엄과 긴급조치에 의해 정권을 연명했다. 그는 미국의 밀월관계가 깨짐에 따라 스스로 살아남을 길을 모색하여 대북정책을 공세적으로 활발하게 펼쳤다. 그는 1970년 8·15선언을 통해 남북 간 선의의 경쟁을, 1973년 6월 23일에는 남북한 유엔 동시가입을 제의했다. 이 무렵 그는 새마을운동을 활발히 전개했다.

박정희는 1971년 4월 27일 제7대 대통령선거에서 40대 기수로서 국민의 기대를 모았던 김대중과 대결했다. 김대중의 활발한 대북정책 대결과 총통제 도입 주장에도 불구하고 극에 달했던 지역감정과 흑색선전에 편승했던 그는 94만 표 차로 승리했다. 한마디로 지역주의가 다른 모든 정치적 가치를 압도해버린 선거였다.

그는 1972년 7·4남북공동성명을 발표했고, 국가안보를 빌미로 10월 17일 드골 헌법을 모방하여 한국적 민주주의를 위한 유신헌법 체제를 선포하고 비상계엄을 실시했다. 이제 우리나라의 민주주의와 언론자유는 사실상 종언을 고했으며, 오직 긴급조치에 의한 군사독재 통치만 존재했다. 그의 10월 유신은 한국적 민주주의를 이 땅에 뿌리내려 민족의 자유와 평화·통일을 앞당기기 위한 새로운 정치·사회적 개혁을 의미했다. 그러나 그의 꿈과 이상은 국민의 공감대를 얻지 못함으로써 실패했고, 정권유지 수단으로 전락하고 말았다.

박정희는 1972년 12월 23일 통일주체국민회의라는 허수아비조직으로 대통령에 당선되었다. 이후 1987년까지 16년 동안 우리나라는 대통령 직선제가 사라졌다. 1973년 과학입국과 영재교육을 표방하며 대덕연구단지 조성과 KIST를 설립한 그는 1978년에는 한국정신문화연구원을 만들어 한국학 및 한국문화연구의 본산으로 삼기도 했다.

박정희의 독재정치에 대항하는 재야와 야당의 저항은 거셌다. 그들은 목숨을 걸고 투쟁했다. 김지하 시인의 '오적' 시를 비롯한 민청학련 사건과 통혁당 사건, 언론자유 실천 선언에 대해 〈동아일보〉 광고탄압 등의 보복이 잇따랐다. 대학과 종교계의 저항에 힘입어 모든 재야세력을 망라한 민주회복국민회의가 1974년 11월 발족하여 투쟁의 구심체가 되었다. 그는 야당과 재야의 강력한 저항에 맞서 1973년 8월 8일 김대중을 동경에서 납치, 살해를 기도했지만 실패했다.

1974년 8월 15일 광복절 기념식장에서 육영수 여사가 재일 조총련 출신 동포인 문세광의 총탄에 맞아 숨졌다. 박정희는 유신체제에 대한 저항이 천주교 등 교계에서 더욱 활발히 전개되자 1975년 유신체제를 놓고 찬반투표를 실시하여 형식적인 재신임을 얻기는 했지만 국민의 불신은 한층 더해갔다.

1975년 5월 베트남이 공산화되자 미국의 관심은 한국의 인권문제로 옮겨졌다. 미국에서 한국의 이미지는 3선 개헌과 유신헌법, 독재통치 등으로 최악의 상황이었다. 이런 가운데 1976년 10월 한국과 미국을 소용돌이치게 한 박동선 사건이 발생했다. 1977년 10월 이른바 코리아게이트로 불린 박동선의 대미 로비 부도덕성에 대해 미의회 청문회가 열렸으며, 1978년 12월에 미 하원의 공식종결이 선언될 때까지 2년 넘게 박동선 사건은 한미관계를 최악의 상태로 몰고 갔다.

그래도 경제는 쾌속질주를 달렸다. 1960년대 이래 연평균 40%의 수출신장을 보인 결과 1962년 약 5,000만 달러에 불과했던 수출은 1970년 10억 달러, 1977년 100억 달러에 달했다. 1인당 국민소득도 1,100달러를 넘어섰다. 경제대국으로 불리는 일본은 10억 달러에서 100억 달러에 이르는 기간이 16년, 독일은 11년이 걸렸지만 우리는 겨우 7년이 걸렸다. 이것은 '한강의 기적'으로 불린다.

미군 철수를 공약한 카터는 1979년 6월에 방한하여 곧바로 동두천 미군부대로 가 첫날밤을 보냈다. 박정희와 카터의 청와대 정상회담은 격렬한 말다툼으로 일관했다. 박정희는 45분간 주한미군 철수계획을 강력히 비난했고, 카터는 한국의 인권문제를 힐난하며 정치범 석방과 긴급조치 해제를 요구했다. 카터는 박정희의 반대를 무시한 채 김영삼 총재를 비롯한 반체제인사들과 면담을 가졌다. 두 정상은 결국 주한미군 철수 중지에 극적으로 합의했다. 하지만 한미관계가 최악으로 나빠진 것은 무엇보다 박정희의 집념이 서린 비밀 핵무기 개발 때문이었다는 평가가 대부분이다. 그의 죽음의 배경에는 이와 같은 음모가 깔려 있다는 설이 무성했다.

1980년 전두환은 미국의 압력으로 핵무기 개발의 구심체였던 국방과학연구소를 해체했으며, 이전 해인 1979년 9월 여권이 〈뉴욕타임즈〉와의 회견에서 "미국은 박정권 지지를 철회하라"고 주장했던 김영삼을 제명하자 부산과 경남의 대학생들이 10월 부마사태를 일으켰고, 17일 부산과 마산에서 위수령이 선포되었다. 사태가 심상치 않자 중앙정보부장인 김재규는 정국 해법을 건의했으나 묵살 당했고, 10월 26일 궁정동 만찬에서 박정희와 경호실장인 차지철을 권총으로 암살했다.

박정희 대통령은 쿠데타로 권력을 장악했고, 3선 개헌으로 절차적 민주주의를 훼손했으며, 나아가 1인 지배의 유신체제를 만든 독재자였다. 하지만 동시에 그는 본격적인 산업화를 모색했고 중화학공업화를 추진했으며, 의료보험을 포함한 복지국가의 기틀을 마련한 지도자이기도 했다.

1. 도덕성

박정희 대통령은 권력의 민정이양을 약속했었지만 그것을 지키지 못했고, 3선 개헌과 1971년 대통령 선거에서 공약한, 다시는 표를 달라고 하지 않겠다던 약속을 깨고 1972년 10월 유신(維新)까지 단행, 국민의 저항에 직면하게 되어 측근 김재규에 의해 불행한 말로를 맞게 되었다. 그런데 박정희 대통령은 도덕적인 면에 있어서 친인척이 권력형 부정부패에 연루되거나 권력에 개입하는 것을 우려하여 심지어 누나도 만나주지 않았다고 한다.

박정희 대통령의 통치 혹은 국가운영은 제도적·환경적 차이에 따라서 군정·3공화국·유신의 세 시기로 구분해 볼 수 있다. 군정은 5·16쿠데타 직후 약 2년 반 동안의 전형적인 군사통치 시기로서 특히 헌정을 중단하고 정치활동을 금지한 상태에서 포고령에 의한 통치 시기이다. 반면에 3공화국은 적어도 표면적으로는 자유민주주의적 헌정질서가 회복된 가운데 국가 운영이 이루어졌다. 유신은 자유민주주의의 기본원리들을 상당부분 부인하였다는 점에서 우리 정치사에서 매우 독특하고 예외적인 시기였다. 다만 이러한 시기적 차이에도 불구하고 박정희 대통령의 모든 국가 운영은 북한과 대결하면서 가난을 극복하기 위해 조국 근대화를 지향했다는 점에서는 신뢰성을 보여 주었다.

2. 시대정신 및 비전

이승만 대통령 시대의 시대정신이 한마디로 '건국'이었다면 박정희 대통령 시대의 시대정신은 '조국 근대화'라고 할 수 있다. 박정희 대통령은 조국 근대화를 통한 경제자립과 민족자주 실현에 심혈을 기울였으며, 경제성장을 위해 필요한 국정과제와 정책을 최우선으로 추진했다.

박정희 대통령은 1962년 1월 1일 제1차 경제개발 5개년 계획 실시에 들어갔다. 당시 한국경제는 1인당 국민소득이 83달러로 세계 98위의 최빈국을 면하지 못했다.

1960년 10월에 발간된 미국의 〈파린어페어즈〉는 당시의 한국경제를 "실업자는 노동인구의 25%, 1960년 1인당 국민소득은 100달러 이하, 전력산출량은 멕시코의 6분의 1, 수출은 200만 달러, 수입은 2억 달러, 이래서 한국경제 기적의 가능성은 전혀 없다. 경제성장의 조건은 북한이 남한보다 순조로운 상태에 있다"고 했다.

우리나라는 1960년대까지만 해도 아시아에서 최빈국의 후진성을 면하지 못한 저개발 국가였으며, 전근대적 상황을 벗어나지 못했다. 박정희 대통령은 북한을 능가하는 국력을 키우고 나아가 한민족이 세계로 웅비하는 튼튼한 초석을 다지기 위해서 집권 18년 동안 오직 가난에서 벗어나야 한다는 강한 집념의 발로로서 국정운영의 최우선 과제는 경제성장 제일주의였으며, 조국 근대화를 통한 경제자립과 민족자주 실현에 심혈을 기울였다. 박정희 대통령은 국민에 대한 확실한 비전을 심어주고 이를 실천에 옮겼다. 그는 정권을 잡자마자 조국 근대화의 청사진을 제시하고 경제개발 5개년 계획을 수립한 뒤 구체적인 실행에 들어갔으며, 성공적인 경제성장을 통해 '한강의 기적'을 이루어 냈다.

박정희 대통령은 국가재건을 위한 역사(役事)를 추진(고속도로 건설, 중화학공업 건설 등)할 때마다 빗발치는 반대와 비난을 한 몸에 받았다. 그러나 그는 모든 일을 당대의 평가가 아니라 후세 사가(史家)들의 평가를 기준으로 처리하는 역사의식을 지니고 있었다.

박 대통령은 1977년 기자들에게 "나는 당대의 인기를 위해 일하지 않았다. 후세 사가(史家)들이 어떻게 기록할 것인가를 항상 염두에 두고 일해 왔다. 그리고 어떻게 하면 다른 나라 부럽지 않게 떳떳이 잘 살 수 있을까 하는 생각이 머리에서 떠난 일이 없다"고 말한 바 있다.

3. 추진력(국정수행 능력)

박정희 대통령은 군사정변의 핵심적인 과제를 그의 저서 《국가와 혁명과 나》에서 자립경제의 건설과 산업혁명에 있다고 서술하였다. 조국 근대화의 과제가 국민복지의 실현에 궁극적인 목표를 두게 된다는 사실을 분명히 인식하였으며, 이를 뒷받침하는 경제적 기반확립의 필요성을 절감하고 있었다.

박정희 대통령은 8·15해방과 6·25전쟁을 겪으면서 경제발전, 민주주의 및 조국통일이라는 대한민국의 국가적 과제 중에서 무엇보다도 경제발전이 가장 시급하다고 판단했다. 즉, '먹고 사는 일이 가장 우선이다'고 생각했던 것이다. 그는 민주주의와 조국 통일을 하려면 경제 문제부터 해결해야 한다는 생각을 하고 있었다. 박정희 대통령은 이를 위해 경제개발 5개년계획, 수출제일주의, 중공업화 등의 국정과제를 수립하고 우선순위를 두어 가용 역량과 자원을 집중하여 추진했다. 박정희 대통령은 이를 구체화하기 위하여 한일협정, 월남파병, 고속도로 건설 및 포항제철을 건립하였으며, 국가발전을 위하여 필요하다는 결론에 도달했을 때에는 그것에 설사 일부 반대의견이 있더라도 신념을 가지고 국정과제를 강력히 추진해 나아갔다.

박정희 대통령은 재임 시 뛰어난 정책추진 능력을 보여 주었는데, 일단 목표가 정해지면 어떤 난관이 있더라도 이를 극복하고 목표를 달성하고자 했다. 평소 과묵하여 남의 의견을 주로 듣는 편이었지만 그렇게 충분히 듣고 나서 결단을 내리면 성과가 날 때까지 꾸준히 추진하였다.

박정희 대통령 집권 18년 6개월 동안 연평균 9.3%의 경제성장률을 가져왔고, 1인당 국민소득은 87달러에서 1,242달러로 14배 증가시켰다. 1965년 필리핀의 절반에 불과하던 한국의 1인당 GNP 106달러는 1979년 1,745달러로 필리핀의 3배였다. 연간 수출액은 5,430만 달러에서 1970년도에는 10억 달러, 1977년도에는 100억 달러 그리고 1978년도에는 127억 1,000만 달러를 달성했다.

5·16쿠데타 성공 후 박정희 장군이 직면한 가장 시급한 과제 중 하나는 군부를 장악하여 물리력을 독점하는 문제였다. 그리하여 수차례 '반혁명 사건'을 적발하는 등 군정기간 중 총 40명의 장군을 포함하여 약 2,000명의 장교를 예편시키는 등 군내의 다양한 파벌을 숙청·제압해야 했다.

군사정부는 반공을 제1의 국시로 한다는 혁명 공약대로 '용공분자'와 '좌익혐의자'들을 대거 구속, 그중 216명을 혁명재판에 회부하였다. 또한 군사정부는 통치의 명분을 세우고 민심을 잡기 위해 혁명 공약에서 언급한 대로 부정 공직자와 부정 축재자 및 폭력배를 비롯한 각종 사회악을 척결·소탕하는가 하면 호화사치생활을 엄금하고 풍기문란을 단속하였으며, 나아가 매점매석한 쌀을 압수·분배하고 고리채 채권을 정지시키며, 합법적 이자를 정부가 부담하는 등 민생 중심의 시책을 발표하였다. 이러한 시책들은 비상한 상황에서 초법적으로 취해진 것이었고, 또 인기 영합적 성격을 가진 것들이었다.

1962년 3월 16일에 박정희를 비롯한 5·16세력은 무능한 정치세력을 거세하기 위해 정치활동정화법(政治活動淨化法)을 작성했는데, 5·16 군사정변에 의해 정지된 국회와 헌법의 기능을 제한적으로 집행하기 위한 국가재건비상조치법 제22조 제3항의 규정에 의하여 '정치활동을 정화하고 참신한 정치도의를 확립'함을 목적으로 하고 있다. 정치활동정화법은 결과적으로 '정치활동정화' 대상이 된 주요 인사 4,000여 명이 정치행위를 하지 못하여 박정희 장군을 비롯한 5·16세력의 집권과 이를 연장하기 위한 여타 반대 정치세력을 묶어 두어 정치적 반대세력을 용인하지 않는 비경쟁체제를 만들어 내었다는 비판도 있다.

4. 위기대응 능력

국가에 중대한 위기가 닥쳤을 때 대통령이 가지고 있는 위기대응 능력이 총체적으로 나타난다. 박정희 대통령은 냉철한 분석과 결단, 의연한 자세로 위기에 맞섰다. 가장 기억에 남는 것이 판문점 도끼만행사건과 한·일 대륙붕 분규다.

1976년 8월 18일 오전 유엔군 장병 11명은 판문점 '돌아오지 않는 다리' 남쪽 유엔군측 제3초소에 있는 미루나무의 가지를 치고 있었다. 울창한 가지가 경비의 시야를 가렸기 때문이다. 잠시 언쟁이 있은 후 북한군 70여 명은 유엔군측을 습격해 도끼를 휘두르며 미군장교 2명을 살해했다.

슈나이더 미국 대사와 스틸웰 유엔군 사령관이 급히 박 대통령을 찾아 왔다.

박 대통령은 단호했다.

"1968년 북한 게릴라 30여 명이 청와대를 습격했던 1·21사태 등 지금까지 북한이 도발할 때마다 한국은 강력한 보복을 주장하지 않았습니까? 미국이 조치를 취하지 않으니까 북한이 미국을 종이호랑이로 보고 계속 도발하는 것 아닙니까? 이번에는 버릇을 단단히 고쳐주어야 합니다."

박 대통령은 다음날 제3사관학교 졸업식에서 "미친개한테는 몽둥이가 필요하다"고 말했다. 박 대통령의 단호한 자세에 자극받았는지 스틸웰 대장은 1976년 8월 20일 박 대통령에게 문제가 됐던 미루나무를 절단하는 작전을 보고했다.

"나무를 자를 때 북한이 무력으로 대응하면 미군은 북한으로 진격할 겁니다. 우리는 개성을 탈환하고 연백평야 깊숙이 진출해 서울이 겪고 있는 서부전선의 위험을 제거할 것입니다."

박 대통령은 즉각 동의했다.

"그렇게 해야지요. 그런데 작전의 제1선은 우리 군이 맡겠습니다. 도끼만행으로 미군 장교 2명이 고귀한 생명을 잃었는데……"

박 대통령은 배석한 서종철 국방장관과 노재현 합참의장에게 특전사 정예부대와 서부전선의 육군부대가 작전을 수행하도록 지시했다. 그날 저녁 늦게 박 대통령은 두 사람과 이세호 육군참모총장을 다시 불러 북한으로 진격할 때에 대비한 전략을 숙의했다.

드디어 다음날 작전이 시작됐다. 건십헬리곱터와 F-4 팬텀전폭기, F-111 전폭기, 괌에서 날아온 B-52 중폭격기가 4중으로 판문점 상공을 지켰다. 한국 해역에는 미항모 미드웨이가 들어와 있었다. 작전대로 나무를 완전히 자르고 불법 설치된 북한 초소도 때려 부수고 돌아왔으며, 김일성은 휴전 후 23년 만에 처음으로 유감을 표명하는 굴욕적인 자세를 취했다.

1970년 5월 30일 한국 정부는 한·일간 대한해협의 7만 평방㎢를 한국의 대륙붕으로 공포했다. 동시에 이를 제7광구로 정해 석유를 탐사하기 시작했다. 한국은 양국 간 중간지대를 경계선으로 하지 않고 일본 쪽으로 깊숙이 더 선을 그었다. 그쪽에 바다 밑 골짜기가 있으므로 국제법에 따라 그곳을 경계선으로 해야 한다고 한국은 믿었다.

"한국에 대한 경제협력을 중단해야 한다," "국제사법재판소에 제소하자" 등 반한(反韓) 열기로 일본열도가 확 뒤집혔으나 한국 정부는 미국 코암사로 하여금 석유탐사를 계속하도록 했다. 1970년 11월부터 1972년 2월까지 한·일 실무자 회의가 세 차례 있었지만 양국은 합의점을 찾지 못하고 긴장은 고조돼 갔다. 그러면서 일본이 경제협력을 중단할 것이란 우려도 있었으나 1972년 9월 일본은 뜻밖에 제7광구의 공동개발을 제의해 오면서 한국의 대륙붕선언을 인정하였다.

박정희 대통령의 제3공화국은 주기적으로 선거를 실시하고 반대당을 허용하는 정당정치로 출발하는 등 민주주의의 정치적 외양은 갖추고 있었다. 하지만 제4공화국(유신체제)에서는 대야관계에서도 절제와 균형감을 상실한 채 일부 강경파의 일방적인 조치를 따라 가다가 야당 당수를 추방하고 국회의원 자격을 박탈하는 등 무리수를 저지르고 말았다.

박정희 대통령은 국가지도자로서 매우 뛰어난 자질을 갖춘 인물이었다. 특히 자기성찰 그리고 자신과 주변에 대한 절제와 단속에서 남다른 모습을 보여주었다. 이는 파란만장한 현대사의 숱한 고비 길을 넘기면서 나름대로 성취와 좌절을 두루 겪어 왔을 뿐만 아니라 특히 사형수로서 죽음의 문턱에서 고뇌하는가 하면 목숨을 걸고 쿠데타까지 일으킨 사람으로서 체득한 인간과 사회에 대한 남다른 성찰과 이해에 힘입은 것으로 보인다. 그런데 유신체제는 권력의 고도 집중화와 인격화를 지향했다는 점에서 아무리 뛰어난 개인이라도 그 운영을 감당하기 어려운 것이었다. 더구나 영부인인 육 여사의 사망 이후 박 대통령은 통치감각이 크게 둔화되는 모습을 보이기 시작하였다.

5. 통합력(소통)

박정희 군사정부는 반공을 제1의 국시로 하였으며, 민심을 잡기 위해 부정공직자와 부정축재자 및 폭력배를 비롯한 각종 사회악을 척결·소탕하고 호화사치생활을 엄금하는 등 당시는 현재와 같은 이념·계층·세대 간 갈등은 거의 없었다고 할 수 있다. 그런데 1971년 대통령선거에서 공화당 후보인 박정희 후보를 위해 공화당에서 지역감정을 자극하는 지역주의 전술의 선거운동을 하여 공화당의 박정희 후보가 94만 표 차이로 신민당의 김대중 후보를 눌러 이겼다. 이것을 지역별로 보면 호남지역에서는 65대 35의 비율로 김대중 후보가 이긴 반면에 영남지방에서는 72대 28의 비율로 박정희 후보가 이겼다.

박정희 대통령은 시간이 지나면서 제4공화국에서는 점차 일인지배 권위주의체제의 성격이 강해지기 시작하였다. 유신 말기로 갈수록 강권 통치를 행사, 대야관계에서도 일부 강경파의 일방적인 조치를 따라가다가 야당 당수인 김영삼 총재를 국회에서 날치기로 제명하여 의원직을 박탈하는 사건까지도 발생하게 되었다.

이러한 소통 능력 부재 등으로 인하여 1979년 10월 16일~20일 부산·마산지역 학생들의 항의시위라는 '부마사태'가 발생하였다. 이로써 10월 18일 정부는 부산에 비상계엄을 선포하고, 10월 20일 마산 및 창원 일대에 위수령을 발동하여 강경책을 전개, 학생들의 민주화운동을 전국적인 규모의 시위로 확산시켰다. 이 사건으로 인해 박정희 대통령의 유신체제가 무너지는 결정적인 요인이 되었다고 할 수 있다.

결국 제3공화국에서는 주기적으로 선거를 실시하고 반대당을 허용하는 등 민주주의의 외양은 갖추고 있었던 박정희 대통령은 유신 말기의 야당 당수 날치기 제명 등의 강권 통치로 인해 입법적 리더십은 결여되었다고 할 수 있다.

6. 인사 능력

박정희 대통령은 관련 분야의 능력 있는 전문 인력을 신중히 등용했고 한 번 등용한 사람은 좀처럼 바꾸지 않았다. 경제 분야의 김정렴 전 대통령비서실장, 남덕우 전 부총리 겸 경제기획원장관, 방위산업을 일으킨 오원철 전 경제 제2수석비서관, 최형섭 전 과학기술처장관 등은 보통 7~10년 정도 자리를 지키면서 해당분야에서 거의 전권을 가지고 능력을 최고로 발휘했던 인물들이다. 박정희 대통령은 신임하고 일을 맡긴 사람은 장기 근무를 시켰으며, 책임을 완수한 인사는 승진을 시켜가며 계속 운용을 하였다.

박 대통령은 1967년 10월에 수출에 공이 큰 박충훈 상공부장관을 부총리 겸 경제기획원장관으로 승진 발령하고, 상공부장관에는 김정렴 전 상공부차관을 임명하는데, 2년 후인 1969년 10월에는 청와대 비서실장으로 발탁하여 경제 관료가 대통령비서실장이 되기도 했다.

김정렴 비서실장은 1969년 10월에 부임하고 1978년 12월에 이임하였는데, 김 비서실장이 부임할 때 박 대통령은 "경제는 나 대신 임자가 맡아서 챙겨주시오. 나는 대미·대북 관계 등 국가안보문제가 바빠 돌아가니 거기에 몰두할 수밖에 없소"라고 지시해서 무려 9년 2개월간 김 실장이 경제총수 역할을 하였다.

7. 국민·국회와 협력

제3공화국 당시 박정희 대통령은 국민으로부터 사랑받기 위해 막걸리를 마신다든가, 밀짚모자를 쓰고 몸소 모내기를 하는 서민대통령으로서의 모습을 보여주었다. 그런데 박정희 대통령은 정치적 자기확신이 지나친 나머지 어찌할 수 없는 본인에 대한 정서적 국민 여론과 다양한 정치세력들의 논리와 관심을 지나치게 외면하거나 묵살하였다. 그리하여 제4공화국 유신체제 말기에 와서 박정희 대통령은 국민들로부터 협력을 얻기보다는 법과 형벌로 국민을 다스리려고 하여 결과적으로 '부마사태' 등의 국민적 저항을 가져왔으며, 부산·마산 일대에 비상계엄을 선포한 가운데 10·26사태가 돌발적으로 발생, 유신체제가 붕괴되었다.

　박정희 대통령에게는 한국의 정치와 정치인들에 대한 불신이 뿌리 깊이 자리하고 있었다. 그래서 그런지 박 대통령의 제3공화국에서는 반대당을 허용하는 정당정치로 출발하였으나, 제4공화국 유신 말기로 갈수록 억압적 정치의 수단을 동원하여 정치적 비판세력이 탄압을 당하는 강권통치를 행사하였다. 대야관계에서도 절제와 균형감을 상실하였다.

제5장
전두환 대통령

　전두환 대통령은 전형적인 정치군인이다. 박정희 전 대통령의 후광으로 군부 내 실세로서 승승장구하며 군의 요직을, 그것도 서울 근교의 중요 요직을 맡았던 그의 자리엔 그가 후원한 하나회 후배 장교가 대물림을 하고 있었다.

　보안사령관에 임명된 그해 10월 26일 박 대통령이 사망하자 유신정권이 무너졌다. 유신정권이 무너지자 정부는 위기상황에 대처하기 위하여 국가비상사태를 선언하고 계엄령을 실시하였다. 청와대 비서실이나 내각은 박정희가 사라진 상황에서는 아무것도 아닌 것이 되었다. 공화당이 있었으나 공화당에는 확고한 지도력이 없었다. 박정희 대통령의 가장 오랜 동지였던 김종필이 공화당을 장악했지만, 그는 유신체제에서 이미 실권을 모두 상실하고 가진 것이 없었다. 내각에도, 청와대 비서실에도, 군부에도 실질적인 영향력을 행사할 수 없게 된 것이다.

다시 과거의 김종필계를 긁어모아 당을 장악했지만, 큰 힘이 되지 못했다. 정당성이나 도덕성에서 약점이 있었던 김종필은 어떤 면에서는 오히려 김영삼이나 김대중보다도 약세였다. 정국 방향의 열쇠는 군부가 쥐고 있었고, 군부를 어떤 성격의 집단이 장악하는가에 따라 민주화를 향한 순조로운 정치일정의 가능성이 판가름 나게 되었다.

이런 상황에서 12·12가 터졌다. 전두환은 12·12 때 계엄사령부 합동수사본부장으로서 의심스러운 점이 있던 계엄사령관 정승화를 체포하고, 신군부가 실권을 장악하는 데 주도적인 역할을 하였다. 10·26 이후 한때 형성되었던 군부 내의 대립은 정승화 세력이 숙청되면서 끝나게 되었으나 그 대신 전두환 진영이 군부를 장악하여 새로운 세력권을 형성하였다. 이제 한국 정치의 주도권은 신군부의 핵심으로 등장한 전두환을 중심으로 한 신군부에 의해 장악된 것이다. 정국은 안개정국으로서 앞날을 예측하기 어렵게 되었다.

1980년대에 들어서면서 학생들과 민주세력이 새로운 민주정부 탄생을 요구하게 된다. 민주화의 열기는 전국 각지의 국민에 의해 분출되고, 5·16 군사쿠데타 이후 경제개발에서 소외된 농민과 노동자, 서민들은 새로운 시대를 맞이하여 정치민주화, 사회민주화, 경제적 부의 균등을 바라게 되었다. 특히 국민은 국민에 의해, 국민을 위한 진정한 민주정부의 탄생을 염원하였다.

이러한 민주화의 열기 속에서 신민당을 비롯한 야당과 재야 민주화 세력의 상징인 김대중이 차기정권을 잡기 위한 노력을 경주하면서 민주진영의 분열과 갈등이 차차 드러나게 되었다. 향후 대권을 노리는 3김씨는 기회를 엿보고, 이런 국내 정세 상황 속에서 군부와 정보기관을 장악한 전두환은 신군부로 집권했다. 신군부 세력이 1980년 5월 17일 비상계엄 전국 확대 조치를 발표하고 민주인사들을 체포 투옥하기 시작하자, 광주에서 공수부대의 과잉진압과 이에 반발하는 학생, 시민 연대가 자연발생적으로 생겨나게 된다. 그런데 5·18 광주민주화운동 동안 광주에서는 범죄가 현저히 줄어들었고, 민주 질서가 확립된 상태가 줄곧 유지되었다고 한다.

전두환은 정권을 장악한 후 그해 6월 국가보위비상대책위원회를 설치하고 상임위원장이 되었다. 이어 8월 5일 대장으로 진급하고, 22일 예편하였으며, 27일 통일주체국민회의의 간선으로 제11대 대통령에 선출되었다. 그는 1981년 1월 창당된 민주정의당의 총재가 되어 2월 개정된 새 헌법에 따라 제12대 대통령에 당선되었다.

박정희 정권 말 2차 석유파동과 중화학공업의 과잉투자로 경제가 악화일로를 걷게 되었지만 전두환 정권은 이 위기를 조속하게 마무리하고, 이후 80년대 한국 경제의 도약을 뒷받침했다. 우리나라가 처음으로 무역흑자를 이룩하는데, 그 이유는 그가 재임기간 중 가장 역점을 둔 것이 물가안정이었기 때문이다. 고(故) 김재익 경제수석의 조언을 그대로 받아들이고 실행하여 물가안정을 이뤄 처음으로 무역흑자를 달성한 것이다. 그의 무역흑자 기조는 이후 노태우 대통령 때 사라지고 만다.

그는 또 서울 올림픽도 유치했다. 1981년 2월에 국제올림픽위원회

(IOC) 본부에 올림픽 유치신청서를 정식 제출한다. 이와 같은 해 9월 30일 바덴바덴에서 열린 제84차 IOC 총회에서 일본의 나고야를 52대 27로 누르고 개최지로 선정되었고, 한국은 아시아에서는 두 번째, 그리고 세계에서는 16번째로 올림픽 경기대회 개최국이 되었다. 갈등과 불화를 해소시킨 서울올림픽은 올림픽 헌장의 정신을 준수하며 스포츠 교류를 통해 '화합'의 기틀을 다졌고, 세계평화의 새로운 계기를 마련했다. 운영이 미숙했다는 지적을 받기도 했지만, 올림픽 사상 최고의 시설을 갖추었다는 극찬을 들었다.

그밖에 취임 초 야간통행금지를 해제했고, 학생교복과 두발을 자율화했으며, 현재의 한국 프로스포츠들인 야구, 씨름 등이 이때 생겨나기 시작하였다. 정치적으로는 퇴임 전 대통령 단임제를 직접 선포해서 이후 5년 단임제의 기틀을 마련했고, 외교적으로 박정희 정부시절 관계가 좋지 않았던 미국·일본 등의 국가들과 친밀한 외교를 하게 된다. 그해 전두환 정권은 4·13 호헌조치를 발표하고, 통일민주당의 창당을 방해하는 등 국민의 민주화 열망을 억압하고 장기집권을 획책하였던 시기였다.

전두환 정권은 국민의 민주화 요구를 받아들이지 않을 수 없게 되어 민주정의당 대통령 후보 노태우가 직선제개헌과 평화적 정부이양, 대통령선거법 개정, 김대중의 사면복권 등을 주요 내용으로 하는 6·29선언을 발표하였다. 그리하여 6월 항쟁의 승리와 6·29선언으로 사회 전반에 민주화의 공간이 확대되는 국내정세가 나타난다. 가장 먼저 노동자들이 진출하게 되는데, 7~8월 노동자 대투쟁이 바로 그것이다.

또한 1987년 'KAL858기 폭파사건'이 일어났는데, 그 당시는 6월 민주화 대투쟁 이후 대통령 직선제를 수락하고 인정한 노태우의 6·29선언과 그 후 노동자 대파업 투쟁이 전개되고, 제정치권의 선거 전략이 분분해지고 선거 국면으로 치닫는 상황에서였다.

I. 도덕성

전두환 대통령의 신군부가 최규하 대통령의 재가 없이 정승화 육군참모 총장을 체포한 1979년 12·12사건은 헌정 질서를 문란케 한 명백한 하극상의 반란사건이며, 그 과정에서 유혈사태까지 초래했다는 점에서 전두환의 신군부는 역사적 책임을 면키 어렵다. 그들은 12·12사건 직후만 하더라도 개인적인 야망은 없다고 하면서 자신들의 행동이 쿠데타나 혁명으로 평가되는 것을 거부하였고, 최 대통령의 민주화 계획을 적극 지지하고 있다고 강변하였다.

그러나 1980년 헌정 중단인 5·17 조치를 강행하여 비상계엄 전국 확대를 의결하고 김대중 등 요인 체포와 학생회 간부 전원에 대한 검거령이 내려지자, 광주의 학생들과 시민들이 이에 격렬히 저항하여 5·18 광주민주화운동이 발생하였다.

전두환 신군부의 정권 장악은 5·17 조치와 '국가보위비상대책위원회'의 수립으로 가시화되기 시작하여 1980년 9월 1일 전역한 전두환 장군의 제11대 대통령 취임 및 새 헌법 통과 이후 1981년 2월 25일 제12대 대통령 취임순으로 진행되었다.

전두환이 대통령이던 제5공화국은 장영자·이철희사건, 명성사건, 일해재단사건, 박종철 군 고문치사사건, 새마을운동본부 비리문제, 범양사건, 부천 성고문사건 등 이른바 '7대 의혹사건'으로 얼룩지고 각종 권력형 부정부패가 끊이지 않고 자행되던 시기였다.

전두환 대통령은 노태우 대통령과 함께 퇴임 후 1995년에 12·12사태와 5·18 광주민주화운동 진압 및 비자금 조성 등의 혐의로 기소되어 수천억 원의 부정축재와 관련하여 처벌을 받음으로써 국민들로부터 외면을 당하였다.

전두환 대통령과 국민 사이에는 애초부터 신뢰가 형성되어 있지 않았고, 집권기간 중에도 그는 국민의 신뢰를 쌓지 못하였다. 북한이 '금강산댐'을 건설하여 서울을 수몰시킬 것이라고 하면서 금강산댐의 방류를 저지하기 위한 통일댐을 반강제적으로 걷은 국민성금으로 건설하였으며, 사회정화라는 명목 하에 무고한 시민도 삼청교육대로 보내고 청송보호소에 감금하는 철권통치를 하였다. 그 와중에 학생과 재야인사들은 민주화를 요구하는 시위를 벌였다.

조국 근대화라는 시대정신을 선점하고 어느 정도의 정통성과 정당성을 가지고 철권통치를 했던 박정희 대통령과는 달리 전두환 대통령의 독재는 광주시민을 학살하면서 권력을 찬탈한 군부독재라는데에서 국민과의 신뢰 관계가 형성되지 않았다. 특히 민주적 절차에 더 관심을 두는 대부분의 정치학자들은 제5공화국 정권이 "정치적 정당성을 거의 완벽하게 결여하고 있다"고 한다. 다만 전두환 대통령이 단임 약속을 실천하고 평화적인 정권 이양을 하였다는 점에서는 신뢰성을 보여주었다.

2. 시대정신 및 비전

전두환 대통령은 10·26으로 권위주의 시대가 종말을 고했다는 점을 인식하지 못한 채 민주화라는 세계사적 대세와 시대정신을 거스를 수 있다고 보았다.

제5공화국 출범 이후에도 새 시대의 개막을 준비하기보다는 지난 시대를 흉내내기 바쁜 아류로 일관하였으며, 특히 임기 말 4·13 호헌조치야말로 민주화라는 시대정신을 읽지 못한 대표적인 사례로 지적되고 있다.

전두환 대통령은 1986년 서울아시안게임 유치와 당시로서는 거의 불가능하게 보았던 1988년 서울올림픽 유치를 실천에 옮길 수 있도록 국민들에게 비전을 심어주어 아직 개발도상국을 벗어나지 못한 단계의 국가로서 국민적 에너지를 결집시킬 수 있는 좋은 기회를 포착한 것은 긍정적으로 평가될 수 있다.

전두환 대통령은 박정희 대통령의 유신체제가 갖고 있던 최소한의 정통성마저도 민주화운동에 나선 광주시민을 대량 학살하여 소진시킴으로써 역사의식이 결여되었다고 할 수 있다.

3. 추진력(국정수행 능력)

전두환 대통령은 유신시기 추진된 중화학공업을 '과잉투자, 비효율적인 운영, 관련 분야의 불량 생산량이 한국 경제의 전체적인 발전을 심각하게 위협 한다'는 이유로 비판하면서 정책의 전환을 시도하였다. 사실 박 대통령 말기부터 그동안의 고속성장과 중화학공업의 후유증이 크게 부각됨에 따라서 안정 위주의 정책기조가 필요하다는 점에 대해서는 많은 전문가들의 견해가 일치되어 있었다. 이렇게 경주된 안정 위주의 정책기조 및 경제구조 개선 노력은 집권 후반기 마침내 결실을 보아 1986년부터 시작된 저유가·저금리·저달러 등 이른바 '3저 현상'을 맞아 물가안정·고도성장·국제수지 흑자라는 '세 마리의 토끼'를 잡을 수 있었다. 그리하여 연평균 10% 성장, 연 3.5%의 물가상승률(1982년~19887년)을 기록하면서, 1986년에는 최초로 국제수지 흑자를 달성하였으며, 국민소득은 취임 당시보다 2.7배 증가하여 1988년도에는 4,295달러에 이르게 되었다.

제5공화국 시대의 경제안정이 전적으로 전두환 대통령의 리더십 때문만은 아니나, 전두환 대통령의 경제제일주의에 입각한 일관된 정책추진과 성과는 평가받을 수 있는 부분이다. 그는 경제에 관한한 겸손한 자세로 전문가와 실무자로부터 열심히 배워 나름대로의 경제 분야에 대한 소양을 갖추었고, 각종 국가정책들을 경제안정에 초점을 맞추어 강력하게 추진했다. 그리고 구체적인 경제정책은 경제전문가들에게 일임하거나 그들의 의견을 충분히 존중하면서 입안하고 집행했다. 그 결과 전두환 대통령 시기의 경제는 정상적인 성장을 지속할 수 있었다.

전두환 신군부는 1980년 5·18 광주민주화운동을 힘으로 제압함으로써 신군부의 권력은 확고해졌다. 이제 남은 것은 정치권력 장악에 필요한 제도적 절차를 밟는 일이었다. 집권을 정당화하기 위해 신군부세력은 김대중과 주요 재야인사들, 그리고 광주민주화운동 관련자들을 내란기도 혐의로 구속하였다. 그와 함께 대규모의 정치·사회정화 조치와 숙정을 단행하여 다수의 공무원, 언론인, 교수, 공공기업체 직원들을 현직에서 몰아냈다. 여기에는 물론 무능력자들도 포함되어 있었으나 정권에 대해 비판적인 인사들이 많이 있었다.

이밖에도 신군부는 과외 금지 등 교육개혁을 단행하고 172개 정기간행물들의 등록을 취소하였다.

4. 위기대응 능력

어릴 때부터 적극적이고 저돌적인 성격의 전두환 대통령은 10·26과 12·12사태의 와중에서 여실히 드러났듯이 생사의 기로에 직면할 때마다 과감하게 결정을 내리는 데 뛰어났다.

1983년 9월 1일 269명의 평화로운 시민의 생명을 소련의 전투기가 빼앗아간 KAL기 격추사건 및 1983년 10월 9일 아웅산 테러사건에서 전두환 대통령은 훌륭한 위기관리 능력을 발휘하여 북방정책의 필요성을 국민들에게 심어 주었으며, 미얀마 정부는 특별법정에서 심리를 통해 북한에 의한 계획적인 아웅산 폭탄테러사건의 진상을 세계 앞에 명백히 하는 동시에 북한과 단교 및 국가 승인까지도 취소하였다.

힘으로 권력을 장악한 전두환 신군부세력은 민주정의당(약칭은 민정당)이라는 관제 여당과 민주한국당(약칭은 민한당), 한국국민당 등 소위 제도권 야당을 만든 후 1981년 총선에 앞서 민정당은 다른 정당의 공천과정에도 깊이 개입하였다고 한다. 당시 정치체제가 전두환 대통령의 1인 통치의 성격이 강했기 때문에 민정당의 공천과정은 전두환 대통령이 좌지우지하였다.

한편 기존의 다른 정당들도 소위 제도권 정당으로서 집권세력의 통제 아래 국회의원 공천이 소수의 정당 지도자에 의해 이루어졌다. 이런 상황에서 선거를 2~3개월 앞두고 자생적으로 결성된 신한민주당(약칭 신민당)은 국회의원 후보를 구하기가 힘들었다. 왜냐하면 국회의원 지망생들이 집권세력의 정치적 탄압 아래에서 자생 야당의 후보가 당선되기는 쉽지 않을 것으로 판단했기 때문이다. 그러나 선거 결과 신민당이 관제 야당인 민한당보다 더 많은 84석을 차지하자 민한당 의원들이 대거 신민당에 합류함으로써 소위 제도권 야당이 무너지고 민주화의 전기(轉機)가 마련되었다고 할 수 있다.

그러나 막후 실력자였던 당고문 김영삼과 김대중이 1987년 4월 내각제를 전제로 한 '이민우 구상'에 반발, 소속의원 74명을 탈당하게 하여 1987년 5월 1일 통일민주당을 창당한 이후 신민당은 당세가 약화되다가 이민우의 정계은퇴와 함께 사실상 붕괴되었다.

전두환 대통령은 개인적인 차원에서는 전통적인 인간관계를 중시하는 소박하고 단순한 성품과 더불어 군인으로 단련된 폐기와 위기대응 능력 그리고 결단력을 갖추었다고 할 수 있다.

5. 통합력(소통)

1980년 5·18 민주화운동을 무력으로 진압한 신군부세력은 전라도를 빨갱이 집단의 근거지로 비하시켜 5·18 진압을 정당화함으로써 전라도는 이념에 묶여 지역차별이 심화되었다고 할 수 있다. 그런데 전두환은 언론사의 통폐합과 언론인의 대량 해직을 통해 언론을 무력화시키고, 지식인 사회에 대한 공포분위기 조성과 저항 세력들에 대한 억압을 통해 정치적·사회적 저항을 제압함으로써 이념·계층·지역·세대 간 갈등이 표면상으로는 크게 나타나지 않았다. 그는 프로야구 창단과 1986년 서울아시안게임 유치 및 1988년 서울올림픽 유치 등 스포츠를 통한 국민통합을 시도하였다고 할 수 있다.

전두환 신군부세력은 10·26사건 이후 국정지도력의 공백상태가 생긴 시점에서 쿠데타를 통해 등장하였으므로 전두환 대통령은 정권 초기의 비정상적인 조치들과 집권과정에서의 정통성 문제 등이 겹

쳐서 여론과는 거리가 먼 국정운영을 계속함으로써 소통 능력은 거의 없었다고 할 수 있다. 그런데 전두환 대통령의 임기 말인 1987년 4·13 호헌조치는 정치세력의 정치역량을 잘못 평가한 중대한 정치적 실수였지만 1987년 6월 10일 민주항쟁이 시작되자 국민과의 소통을 시도한 4·13 호헌조치의 철회를 통해서 중대한 고비를 넘겼다고 할 수 있다.

6. 인사 능력

전두환 대통령은 대통령에 취임할 때 김재익을 경제 수석비서관에 임명하여 전권을 주면서 경제 치적의 발판을 마련할 수 있었다.

전두환 대통령이 무엇보다도 경제를 중시했다는 것은 여러 수석비서관 중 경제 수석비서관을 가장 자주 만났고, 그래서 경제 수석의 위치가 가장 확고했다는 사실로 확인된다. 또 남덕우를 비롯하여 김만제, 서석준, 김재익, 사공일 등과 같이 우수하고 합리적인 민간 경제전문가들을 중용했다. 그리고 육사 출신으로 과학기술 분야 전문가였던 김성진, 오명 등도 각료로 기용했다.

일반적으로 인사 운용에서 능력보다 인정과 의리, 즉 일차적 인간관계를 중시하는 그의 가치관은 가족이기주의, 소단위 집단행동이라는 정실주의를 기반으로 하는 부정부패를 초래하여 공공적 가치를 크게 훼손시켰다는 평가를 받고 있다. 그런데 자신이 모르는 경제 분야에서 전적으로 전문가에 위임하고 또 경제전문가를 중용하여 경제 분야에서 괄목할만한 성과를 이룩하였고, 능숙한 정치수완을 발휘하여 민주화과정에서 집권세력의 정권 재창출에 성공할 수 있었다고 평가하기도 한다.

7. 국민·국회와 협력

전두환 신군부세력이 대통령의 사전 재가 없이 계엄사령관 정승화 대장을 체포한 1979년 12·12사건은 명백한 하극상의 반란사건이다.

신군부세력의 집권음모에 항의하여 10만여 명의 시민과 학생들이 1980년 5월 15일 서울역 앞에 모여 적법절차에 의한 민주화일정을 요구함으로써 시위운동은 절정에 달했다. 그러나 신군부세력은 이러한 국민들의 요구를 묵살하고 1980년 5월 17일, 오히려 비상계엄령을 전국으로 확대 선포하면서 김대중과 김종필을 권력형 부정축재자로 체포하고, 야당 총재인 김영삼을 자택연금시키면서 노골적인 집권음모를 드러내었다.

전두환 정부는 대국민 강온 양면정책을 구사하였는데 강경책으로는 학원시위현장에 정사복경찰을 투입하여 가차 없이 진압하고 언론매체 통폐합 및 반정부 성향 기자들의 대거 해직 등이며, 온건책으로는 정치규제자의 단계적 해금, 중고등학생 두발 및 교복자율화, 야간통행금지 해제, 장발단속 완화 및 해외여행 자유화 등을 들 수 있다.

전두환 대통령은 임기 마지막 1년여를 남겨 놓고 1987년 4월 13일 대통령 직선제를 포함한 국민들의 개헌 요구와 민주화 요구를 묵살하고, 당시의 제5공화국 헌법에 따라 1988년 2월 정부를 이양하고 이를 위한 대통령선거를 연내에 실시한다는 내용의 특별담화인 '4·13 호헌조치'를 발표하였다. 이를 계기로 4·13 호헌조치에 반대하는 민주화운동이 전국적으로 확산되면서 한국 정치사의 커다란 분기점인 '6월 민주화운동'으로 발전되었다.

국민들의 민주화운동이 들불처럼 일어나던 때였던 1987년 6월 10일 민주정의당 전당대회에서 노태우 대표를 대통령 후보로 지명하여 차기 대통령 후보로 선출하였다. 그러나 국민들의 거센 직선제 개헌 요구에 굴복하여 6월 24일 김영삼 통일민주당 총재와 청와대 회담을 통해 개헌논의를 즉각 재개키로 하였다. 이에 따라 6월 29일 노태우 민정당 대표가 직선제 개헌, 김대중 사면복권 등을 포함한 8개항의 시국수습방안인 '6·29선언'을 발표하자, 7월 1일 시국수습에 관한 특별담화를 통해 6·29선언을 수용한다고 밝혔다.

전두환 대통령은 야당이 여당과 정부에 복종하지 않고 계속적으로 정치공세를 취함으로써 국회가 깡패집단과 같이 저질화되고 도떼기시장과 같이 무질서하게 운영되고 있다고 인식했다. 전두환 대통령은 정치를 민주주의라는 시대적 이념에 따라 파악하지 않고 군인시절과 다름없이 여전히 패권적 투쟁과 대립이라는 입장에서 정치란 권력을 가진 자가 마음대로 하는 것이며, 오로지 승리만이 가치가 있음을 강하게 인식하였다.

전두환 대통령은 유신체제에서도 행하지 않았던 관제야당(민주한국당, 한국국민당 등)을 창당시켜 경쟁적 정당제를 외면하였으며, 일부 야당 정치인들을 부패한 정치인으로 정치규제를 단행하는 등 국회와의 협력은 대단히 결여되었다고 할 수 있다.

제6장
노태우 대통령

　박정희 시절 대통령 경호실 작전차장보를 거쳐 9사단장을 지낸 노태우는 1979년 12·12사태 당시 전두환 주도의 신군부에 합류, 수도경비사령관과 보안사령관을 역임하고 대장으로 예편했다.

　육사 동기인 전두환 대통령의 적극적인 지원과 뒷받침에 힘입어 그는 1981년 7월 정무장관을 맡아 1988년 하계올림픽의 서울 유치에 총력을 기울였다. 노태우는 서울올림픽 유치에 가장 큰 공을 세운 현대그룹의 총수 정주영 체육회장을 비롯한 체육계 인사, 경제인, 언론인, 문화예술인 등으로 유치단을 구성, 독일 바덴바덴으로 갔다. 9월 30일 국제올림픽위원회(IOC)의 사마란치 위원장은 스페인 억양의 투박한 영어로 "1988년 세계 하계올림픽 개최지는 꼬레아 세울!" 이라고 발표했다. 한국은 5,000년 만에 처음으로 대규모 국제행사를 유치하는 감격을 맛보는 순간이었다. 그는 서울올림픽 및 아시안게임 조직위원장을 맡아 심혈을 기울였다.

노태우는 1985년 2·12 총선 직후 여당인 민정당 대표위원을 맡으면서 정치의 중심에 섰다. 그는 야당의 대통령직선제 개헌투쟁에 맞서 내각제 개헌을 주장했다. 여야의 대립이 1년여 동안 계속되며 평행선을 긋자, 정부는 1987년 4·13 호헌조치를 발표했고, 민정당은 6월 10일 잠실체육관에서 전당대회를 열어 그를 차기 대통령 후보로 선출했다. 이에 반대하는 야당과 재야의 6·10항쟁 시위가 전국에서 절정에 달했다. 특히 시위학생들이 명동성당 점거농성 사태로 번진데 이어 부산과 진주 등 전국에 걸쳐 파출소가 기습당하고, 경부·남해고속도로가 시위대에 점거당하는 등 국가적 혼란이 가중되었다. 이에 따라 정부의 비상조치설이 흘러나왔다. 하지만 노태우는 비상조치를 막는 데 총력을 기울였다. 그는 6월 16일 강경한 물리적 힘을 사용해서는 절대 안 되며 어디까지나 정치적으로 해결해야 한다는 간곡한 뜻을 전두환 대통령에게 건의했다.

17일 청와대에서 사태수습을 위한 최종결정회의가 열렸다. 노태우는 이 자리에서 "지금은 강경조처를 취할 때가 아니며, 설득과 대화로 위기를 극복해야 한다"고 강조하고 "우리가 양보할 것이 있으면 과감히 양보해서라도 사태를 진정시키자"고 호소했다.

그는 며칠 밤을 지새우며 측근들과 심사숙고한 끝에 야당의 대통령직선제 주장을 받아들이기로 결심하고 전두환으로부터 승낙을 받아냈다. 드디어 1987년 6월 29일 그는 직선제 개헌과 공정한 경쟁이 보장되는 대통령선거법 개정, 김대중 사면복권 및 시국 관련자 석방 등 8개항의 민주화 조치를 단행했다. 이른바 '6·29선언'은 그렇게 이루어졌다. 한국의 민주화는 한 단계 진전되었고, 그는 미국 시사주간지인 《타임》과 《뉴스위크지》에 표지인물로 선정되기도 했다.

1987년 10월 5년 단임의 대통령직선제 개헌이 여야 합의로 이루어지고 국민투표에서 통과되자, 1노 3김은 치열한 선거전을 펼쳤다. 16년 만에 치러진 대통령 직접선거는 온 나라를 선거열풍으로 몰아넣었다.

노태우는 '보통사람들의 위대한 시대'를 열 것을 선언하고 11월 29일 인천 유세에서 대통령에 당선되면 임기 중 공산주의 국가인 중국과 수교하고 서해안시대를 열겠다고 약속했다.

김영삼은 부산 수영만에 100만 명의 유권자들이 모인 가운데 '군정종식'을, 김대중은 보라매공원에서 '독재타도'를, 김종필은 '보릿고개를 몰아낸 근대화의 주역'이라는 구호를 내세웠다. 노태우·김영삼·김대중의 여의도광장 유세에는 100만 명 이상이 운집하여 대성황을 이루었다.

선거 결과 양김의 분열로 노태우는 828만 표를 얻어 당선되었다. 노태우는 국회의사당에서 대통령 취임식을 가졌다. 그의 취임으로 우리나라는 헌정사상 처음으로 평화적인 정부 교체가 이루어졌다. 그는 취임하자마자 서울올림픽의 성공적인 준비에 총력을 기울였으며, 1988년 7·7선언을 통해 북방정책의 적극 추진을 천명했다. 북한을 더 이상 경쟁과 적대의 대상으로 삼지 않고 화해와 협력을 추진해나가며 모든 공산권 국가에 문호를 개방, 교류를 추진하겠다는 것이다. 7·7선언은 눈앞에 다가온 서울올림픽에 공산권 국가들이 참여하는 결정적인 계기가 되었으며, 나아가 북방대륙으로 통하는 길을 열고 남북관계의 획기적인 개선을 이루는 시발점이 되었다.

1988년 9월 17일에 개막된 서울올림픽은 160개국이 참가하여 사상 최대를 기록하는 등 대성공을 거둠으로써 동서화합을 이룩하고 동구권의 장벽을 허물었다. 서울올림픽은 공산주의 소련과 동구권이 붕괴되는 단초를 제공했다. 이것은 3김이 국가적 대사인 서울올림픽 성공을 위해 사회 안정에 초당적으로 협조해준 것도 한몫했다.

그러나 같은 해 4·26 총선에서 야당이 과반수를 차지, 여소야대가 되었다. 3김의 주도 아래 5공과 5·18 광주특위청문회가 열려 전두환 정권의 과거청산 작업이 2년 가까이 진행되었다. 국회청문회 정국은 25년 군사통치 속에서 눌려왔던 온갖 불만과 욕구가 한꺼번에 분출되었고, 학원과 산업 현장은 시위와 소요로 들끓었다. 그래도 그는 무력에 의한 사태수습을 극구 피했다. 그는 "힘에 의한 안정은 일시적인 것일 뿐이며, 참다운 안정은 국민의 자율적인 질서에 바탕을 둔 것이어야 하고, 이를 위해서는 참고, 용서하고, 기다려야 한다고 생각한다"고 피력했다.

노태우 대통령은 동구권에 개혁과 개방 바람이 일고 서울올림픽이 대성공을 거두자 북방정책을 적극 추진했다. 1989년 2월 헝가리와 첫 국교를 수립한 데 이어 폴란드, 유고, 체코, 불가리아, 루마니아, 몽골, 알바니아와 수교했다. 그는 1990년 1월 22일 김영삼·김종필과 함께 3당 합당을 한 후 3월에는 김영삼을 모스코바에 보냈다. 급기야 소련의 고르바초프 측으로부터 빠른 시일에 제3국에서 한·

소 정상회담을 갖자는 제의가 들어왔다.

1990년 6월 4일 미국 샌프란시스코 페어몬트 호텔에서 역사적인 한·소 정상회담이 열렸고, 9월 30일 한국과 소련은 수교했다. 이에 몹시 당황한 북한도 변화하지 않을 수 없었다. 마침내 1990년 9월 4일 강영훈 국무총리와 북한 연형묵 정무원총리 사이에 남북 고위급회담이 서울에서 열렸다. 분단 이후 처음으로 남북한 국무총리 간 공식대화가 시작되었다. 한 차례의 상호방문 끝에 남북한은 1991년 5월 유엔 동시가입을 전격 발표했다. 실로 유엔 탄생 이후 46년만의 쾌거였다. 유엔 가입은 우리 민족의 염원이었고, 이를 통해 우리나라는 국제사회의 일원으로 당당히 설 수 있게 되었다.

노태우는 9월 24일 유엔 회원국 국가원수 자격으로 유엔 총회에서 기조연설을 했다. 1988년에 이어 두 번째였다. 그는 11월 8일 '한반도 비핵화선언'을 발표, 북한의 핵개발에 쐐기를 박았다. 이어 12월 13일 서울에서 열린 제5차 남북 고위급회담에서 '남북 간의 화해와 불가침 및 교류협력에 관한 합의서'와 '한반도 비핵화에 관한 공동선언'을 채택하여 1992년 2월 19일 평양에서 열린 6차 회의에서 합의서는 정식으로 발효되었다. 이로써 한국전쟁 이후 지속되어온 남북한 긴장관계에 획기적인 전환이 이루어졌다.

1992년 8월 24일 사회주의국가인 중국과 국교를 수립함으로써 제6공화국 들어 우리나라와 북방정책을 통해 새로 외교관계를 수립한 나라는 41개에 달했다. 냉전시대에는 가볼 수조차 없었던 중국과 러시아 대륙 등 세계의 반쪽을 되찾은 것이다. 이로써 대륙진출의 기반을 마련했다.

1992년은 우리 외교사에 특기할 만한 해였다. 서울에 미·일·중· 러 등 한반도 운명과 밀접한 관계를 가진 네 나라의 공관이 87년 만에 서울에 다시 개설되었으며, 한국 대통령이 이들 네 나라의 정상 들과 한 차례 이상씩 정상회담을 가졌다. 우리 역사상 4강 외교시대 가 열린 것은 처음 있는 일이었다.

노태우는 임기 말 한보의 수서 택지분양 사건, 사돈인 최종현 SK 그룹 회장의 제2이동통신 반납, 총무수석을 지낸 임재길의 한준수 연기군수 매수사건 등으로 곤혹을 치렀다.

그는 1988년부터 1992년까지의 재임기간 동안 높은 경제성장을 지속, 국민총생산이 연평균 9% 이상 실질 성장했으며, 한때 무역흑 자가 한 해 100억 달러를 넘기도 했다.

노태우는 6·29선언으로 민주개혁자로서의 새로운 이미지를 창출 하였다. 그리고 공명선거를 통해 당선됨으로써 국민의 기대를 한 몸 에 받게 되었다. 노 대통령은 전 대통령과 출신 배경과 정치참여 동 기 면에서 비슷한 점이 많았다. 그러나 노태우 대통령은 전 대통령에 비하면 운이 좋은 지도자라고 할 수 있다. 그동안 한국은 경제·사 회적인 면에서 중진국 수준에 이르렀음에도 불구하고 이에 상응하 는 민주 발전을 이룩하지 못했던 것이 사실이다. 그러나 노 대통령의 민주개혁으로 국민은 민주시민으로서의 자부심을 갖게 되었으며, 한 국의 국제적 위상도 크게 높아지게 되었다. 그러나 대부분의 신생 민 주국가에서 볼 수 있듯이 민주화는 엄청난 대가를 요구하는 어려운 과정이었다. 이러한 점에서는 한국도 예외가 아니었다. 제1공화국 이래 억압되어 온 욕구 불만이 한꺼번에 분출되면서 국민들의 관심이 '5공 청산' 문제로 집중되었다.

6공화국은 자유방임에 가까운 사회 정의 및 분배 정의에 관한 성급한 요구 등으로 국가 관리에 있어서 어느 때보다도 어려운 상황에 처하게 되었다. 이런 상황에서 당선된 노태우의 리더십을 비추어주는 여러 국내외 정황들이 있었다. 국내정치 상황으로 대통령 취임 후 2개월 만에 가진 제13대 국회의원 총선거에서는 여소야대의 정치현상이 일어났다. 이로 인해 노태우는 야당과 민주화세력의 공세에 시달려야 했으며, 개혁 요구를 어느 정도 수용하게 되었다. 이후에 일어난 3당 합당으로 다시 여대야소의 정치상황이 출현했다.

노태우 집권시대의 정치는 법적·제도적 장치의 형식적인 측면과 그것의 절차적인 측면에서 어느 정도 민주주의가 보장되었다. 즉, 대통령 직선제를 바탕으로 어느 정도의 견제와 균형이 갖추어졌다. 또한 30년 만에 지방자치제가 이루어졌다. 경제적으로도 여러 상황에 직면하게 되었다. 3저 호황과 4년에 걸친 무역흑자에도 불구하고 1990년에 들어서면서 불황에 빠져들었다. 또한 미국의 계속되는 시장개방 압력에 따른 수입 자유의 확대도 있었다. 그리고 산업구조의 첨단화에 뒤쳐진 면도 있었으나 남북관계에서 상당한 진전이 있었다. 1988년부터 통일운동이 대중적으로 확산되어 가면서 남북당국자간의 대화도 활성화되었다. 또한 이때 남과 북의 화해와 협력을 위한 기초를 마련하였다고 할 수 있다. 또한 남북한의 유엔 동시가입과 북방의 대륙국가와 적극적인 관계를 이끌어낸 북방정책도 실행되었다. 그리고 사회와 문화에서는 민주화의 분위기가 진전되면서도 군사문화와 권위주의가 여전히 자라잡고 있는 과도기적 성향이 나타났다.

I. 도덕성

노태우 대통령은 정경유착을 통해 재벌 등으로부터 돈을 거둬 통치자금으로 쓰고 남긴 돈 수천억 원을 비자금으로 조성했다. 그런데 비자금 사건으로 구속되기 직전 노태우 대통령은 정치 비자금에 대해 "제발 수사해서 진상을 꼭 밝혀 달라. 정말 그 비자금의 주인이 누구인지 우리가 알고 싶다"고 그야말로 철면피처럼 시치미를 뗐다. 비자금 자체도 문제지만, 거짓말로 국민을 우롱하는 부도덕의 극치를 보여주었다.

노태우 대통령은 전두환 대통령과 함께 퇴임 후 1995년에 12·12사태와 5·18 광주민주화운동 진압 및 비자금 조성 등의 혐의로 노태우 대통령과 함께 기소되어 수천억 원의 부정축재와 관련하여 처벌을 받음으로써 국민들로부터 외면을 당하였다.

노태우 대통령은 기존의 권위주의체제의 해체와 민주화라는 시대적 상황과 요구를 정확하게 인식하였기 때문에 6·29선언 이후부터 집권 초반기까지 시민권력·절차적 민주화를 위한 제도화를 추진하였고, 일정 부분의 성과를 보였다. 그러나 기존 체제와의 연관성은 리더십의 한계로 작용하였으며 광주 문제와 5공 청산 문제에 매우 소극적인 태도로 일관하였다고 할 수 있다.

우리나라 헌정사에서 공약 파기가 본격적으로 논란이 된 것은 노태우 정부 때부터이다. 1987년 대선에서 당시 노태우 민정당 후보는 불리한 국면을 일대 전환하기 위하여 '대통령 임기 중 국민에게 신임을 다시 묻겠다'며 '중간평가'를 공약으로 내세웠으나 취임 후 제13대 총선에서 의회 권력이 여소야대로 재편되자, 1989년 3월 5공 비리와 5·18 광주민주화운동 문제 처리, 지방자치제 실시 등을 조건으로 야당과의 비밀 합의를 통해 중간평가 공약을 파기했다.

2. 시대정신 및 비전

직선제 개헌으로 16년 만에 대선이 부활된 제13대 대통령선거에서 여권이 시대정신으로 내세운 '안정' 및 '수습'과 국민들의 기대가 반영된 '야권단일후보' 및 '민주정부' 등의 시대정신이 맞섰으나 통일민주당의 김영삼 후보와 평민당의 김대중 후보로 야권이 분열된 데다가 흑색선전 및 지역감정 등의 과열 혼탁 양상으로 민정당 노태우 후보의 '안정'이 국민들에게 시대정신으로 선택되어졌다. 노태우 대통령 임기동안 문민정권으로의 가교 역할을 원활히 한 점은 긍정적으로 평가할 수 있다.

노태우 정부는 6·29선언과 더불어 각계각층에서 일기 시작한 민주화의 물결과 통일에 대한 논의에 대해 기왕의 대북정책과 통일 논의를 보다 전향적으로 검토하고 서울올림픽의 성공적인 개최와 구공산권 국가들과의 관계 개선의 비전을 국민에게 심어주어 집권 후반기 북방정책을 추진하였다.

집권 후반기 북방정책의 추진과정과 그 성과에 대해서는 비교적잘 알려져 있다. 무엇보다 동구권과 소련의 붕괴 사태가 일어나면서헝가리를 필두로 동구권 국가들 및 소련과의 수교로 이어졌고, 이는다시 중국을 자극하여 한중 수교가 실현되었다. 한편 이러한 성과를 토대로 남북한 유엔 가입이 마침내 이루어졌고, 이어서 남북관계에서는 기본합의서가 체결되기에 이르렀다.

노태우 대통령에게 맡겨진 역사적 사명은 군부 쿠데타에 의한 신생 민주주의의 '급작스런 사망'을 막아내고 한국 민주주의의 전환기를 평화적으로 관리하여 선거를 통해 민주적 리더에게 권력을 평화적으로 이양해주는 것이었다. 노태우 대통령은 대체로 이러한 역사의식을 갖추고 있었다고 할 수 있다.

3. 추진력(국정수행 능력)

노태우 대통령의 국정목표는 정치적 민주화와 경제적 민주화 그리고 북방외교의 세 가지로 요약할 수 있다. 권위주의체제에서 민주주의체제로 이전하는 단계에서 주어진 시대적 과제는 당연히 정치적 민주화, 즉 시민권 및 절차적 민주주의의 제도화와 확립이었다. 그리고 성장 일변도 정책의 부작용으로 나타나고 있던 경제민주화 혹은 복지문제의 해결도 시대적 과제로 주어져 있었다.

노태우 대통령은 집권기간 동안 정치적 민주화와 북방외교에서는 상당한 성과가 있었지만 경제문제를 비롯한 국내 정책은 국민의 기대에 못 미치는 결과를 보였다. 그는 물가안정을 공약으로 내세웠으나, 높은 물가상승을 제대로 막지 못하였다.

취임 초 노 대통령은 7·7선언을 통해 88올림픽의 성공적인 환경을 조성하는 한편, 올림픽 이후 대외정책의 기조로서 북방정책을 발표하였다. 7·7선언은 먼저 한미 간 확고한 동맹의 토대 위에서 우리의 적극성·주도성을 최대한 살려 공산권 국가들과의 관계를 개선함으로써 북한을 압박해나가겠다는 일종의 '원교근공(遠交近攻)' 정책이었다고 할 수 있다. 남북관계에서는 당사자 해결원칙에 따라 우리가 주도를 하되, 북한을 고립하는 것이 아니라 포용을 하겠다는 내용이었다. 문제는 그것이 한반도 내부에서는 여전한 냉전적 기류와 어떻게 조화를 이루어 추진될 수 있는가 하는 점이었다. 실제로 그것은 6공 초 사회민주화와 맞물려 적지 않은 정치사회적인 혼란과 갈등을 초래하였으며, 이후 88올림픽을 계기로 소련을 비롯한 공산권 국가에 한국의 실상이 알려지게 되었고, 마침 개혁과 개방 노선을 추구하던 고르바초프의 정책에 힘입어 한소관계가 급진전되기 시작하였다. 그리고 1989년 후반 이후 발생한 공산권의 붕괴라는 세

계사적 대사건과 맞물리면서 북방정책은 노태우정권 후반기에 가서
는 괄목할만한 성과를 거둘 수 있었다.

노태우 대통령의 국정과제 수행을 크게 세 가지로 압축하면 북방
외교 개척과 함께 남북관계 개선 그리고 인천공항·고속철도·신도
시·새만금 등의 과감한 사회간접자본(SOC) 투자라 할 수 있을 것
이다.

노태우 대통령은 당선자 시절인 1988년 1월에는 '민주화합추진위
원회'를 설치, '광주사태'를 민주화운동으로 재정의하고, 반민주 법
령의 개정과 폐지 그리고 복수노조 설립 허용 등의 방침을 마련하였
다. 이어 정권 출범 직후에는 안기부 및 보안사의 기능을 축소하는
한편, 검찰의 위상을 제고시키는 방향으로 권력 내지는 사정기관의
개혁을 단행하였다.

그런데 제13대 1988년 4·26 총선 이후 여소야대의 국회가 등장하
면서 노태우 정권의 모든 국가운영은 국회와 협력하여, 정확히 말하
면 '1노 3김'의 역학 관계 속에서 추진되지 않을 수 없게 되었다. 1노
3김에 의해 이루어진 6공화국의 '5공 청산'은 광주민주화운동의 미
봉적 해결과 친인척 비리 처벌에 국한된 것이었다는 점에서 근본적으
로 한계를 가진 것이었다는 점은 부인할 수 없는 사실이다. 그러나
타협에 의한 민주화를 추진한 이상 이는 불가피한 한계였으며, 특히
특정인에 대한 인적 청산보다는 군부 권위주의의 세력을 '정치적'으
로 단죄하였다는 점에서 소기의 목적은 달성되었다고 할 수 있다. 다
만 아쉬웠던 점은 광주에서의 발포명령에 관한 진상규명이 미흡했던

결과, 이것이 후일 또 다시 논란거리로 이어졌다는 점은 노태우 대통령의 태생적 한계를 보여주었다고 생각한다.

1990년 1월 22일 민주정의당·통일민주당·신민주공화당의 3당 합당을 계기로 노태우 대통령의 후반기 국가운영 환경은 근본적으로 다른 상황을 맞게 되었다. 우선 민자당의 등장으로 여소야대는 사라지고 거대 여당이 소수파인 호남 야당을 포위하는 형국이 조성되었는데, 노태우 정권으로서는 국가운영상의 안정 세력 확보, 김영삼 총재로서는 야당 지도자의 위상에서 여권의 차기 대통령 후보의 변신 그리고 김종필 총재의 경우에는 야당 지도자에서 거대 여당의 핵심인물로의 위상제고가 목적이었다고 할 수 있다.

4. 위기대응 능력

노태우 대통령의 북방정책 적극 추진과 함께 한·소 양국은 1990년 외교 관계를 수립하였다. 이어 양국 정상인 노태우 대통령과 고르바초프 대통령은 상호방문을 통하여 외교 및 국가 관계를 정상화하였고, 구소련의 해체와 이를 계승한 러시아의 옐친 대통령은 1992년 11월 서울을 방문하여 1961년에 조인된 '조·소 우호협력 및 상호 원조조약' 폐기의 필요성을 주장하며 '한·러 간의 기본 관계에 관한 조약'을 체결하였다. 이어서 벌어진 북한의 핵개발과 이에 따른 위기 시에도 한국과 서방의 입장에 동조하게끔 노태우 대통령은 한·러 간 협력관계를 구축하였다고 할 수 있다.

1990년 1월 22일 민주정의당·통일민주당·신민주공화당의 3당 합당인 민자당의 등장으로 노태우 대통령의 후반기 국가운영 환경은 근본적으로 다른 상황을 맞게 되며, 3당 합당의 명분으로 내세웠던 내각제 합의 자체가 노태우 대통령과 김영삼 대표의 동상이몽으로 실현 불가능해졌을 뿐 아니라 계파간의 갈등만 증폭시켰다고 할 수 있으며, 특정지역을 고립화시킴으로써 소수파인 호남 야당인 평화민주당의 극심한 저항을 가져온 것을 지적할 수 있다.

노태우 대통령은 대세 순응형이고, 타자 지향적이며, 자기주장을 관철하려 하기보다 갈등을 회피함으로써 위기대응 능력을 발휘하였기 때문에 군부 출신이면서도 문민정부로의 길을 터주고 부드럽게 권력을 이양할 수 있었다.

5. 통합력(소통)

3당 합당인 민자당의 출현으로 소수파인 호남 야당인 평화민주당의 극심한 저항 및 지역주의를 폭발시킨 결과를 가져왔다. 그런데 소련과 동구권 등 공산권의 붕괴와 맞물려 급진운동권의 힘을 크게 약화시켰으며, 과격한 통일운동은 중산층을 비롯한 대부분의 국민들로부터 크게 공감을 얻지 못하였으므로 이념·계층·세대 간 갈등은 크게 나타나지 않았다고 할 수 있다.

노태우 대통령은 대화 중시와 타협적 성격이기 때문에 1990년 1월 22일 이른바 3당 합당을 통해 여소야대의 국회 상황을 극복하고자 하였다. 3당 합당 이후에도 호남 야당과의 소통을 통해 연기되어 오던 지방자치제의 부분적 실시, 즉 기초와 광역의회 선거를 1991년 실시하여 지방의회를 구성할 수 있었다고 할 수 있다.

노태우 대통령은 국민들이 민주정의당·평화민주당·통일민주당·신민주공화당 간의 끝없는 정쟁을 싫어하며 협력을 기대한 분위기에서 특유의 타협적 리더십을 발휘하여 3당 합당을 이룩하였다. 이는 국회에서 정치적으로 노태우 대통령의 입지를 안정화하였으며, 야당인 평화민주당과도 타협을 통한 입법적 리더십을 발휘하였다고 할 수 있다.

6. 인사 능력

노태우 대통령은 전직 두 군인 출신 대통령으로부터 훌륭한 인재들을 등용하는 것이 중요하다는 사실은 알고 있었으나 본인의 태생적 한계와 과도한 부패는 훌륭한 인재들의 영입으로만 극복될 수 없었고, 인재들을 보호하고 지원하는 노력 역시 부족하였다고 할 수 있다.

3당 합당은 노태우 대통령에게 끝없는 인내와 타협을 요구하였으며 거대 집권 여당은 내분의 연속이었고, 내각제 파문으로 당내 계파 간 대결은 극심했다. 노태우 대통령은 1990년 12월 노재봉 청와대 비서실장을 국무총리에 임명했지만 1991년 4월 명지대학교 강경대 학생의 폭행치사 사건이 발생하자 김영삼과 김종필은 노재봉 퇴진 압력을 하였으며, 결국 노재봉 총리를 사퇴시킴으로써 양김과의 힘 대결에서 밀리고 말았다.

1992년 총선을 치르면서 김영삼은 김윤환, 서동권, 김영일 등 노태우 대통령 사람들을 포섭해 대세를 장악하여 사실상 대권 후보를 어렵지 않게 차지하자, 노태우 대통령은 1992년 9월 18일 중립 내각을 선언하고 탈당했다.

7. 국민·국회와 협력

노태우 대통령은 대통령 후보 시절에 국민과 야당의 주장을 받아들여 1987년 6월 29일에 직선제 개헌과 공정한 경쟁이 보장되는 대통령 선거법 개정, 김대중 사면복권 및 시국 관련자 석방 등 8개항의 민주화 조치를 국민여론에 부응하여 단행하였다. 노 대통령은 대화 중시와 타협적 리더십을 보여줌으로써 정치적 민주화·절차적 민주주의 제도화의 확립에 기여하였다고 할 수 있다.

노태우 대통령은 모나지 않고 부드러운 성격으로 보아 민주화에 적합하다고 할 수 있다. 다만 군 출신이라는 태생적 한계로 인해 '과도기적 민주화'나 '민주화를 가장한 유사 군부독재'라는 비판에 직면할 수밖에 없었다.

그런데 노태우 대통령은 타협적 리더십을 발휘하여 3당 합당을 통해 여소야대의 국회 상황을 극복하고자 하였으며, 3당 합당 후 민자당 내 계파 간 및 야당과의 갈등 속에서도 중요한 타협을 이끌어내는 등 민주주의체제로의 점진적인 발전이 가능하게 하였다고 할 수 있다.

제7장
김영삼 대통령

　김영삼은 1990년 1월 22일에 3당 통합을 선언하고 1992년 5월 민주자유당 대통령 후보로 선출된 데 이어 1992년 12월 18일에는 김대중과 우리나라 최고 재벌이었던 현대그룹 총수인 정주영 후보의 강력한 도전을 물리치고 대통령에 당선되었다. 그는 선거기간 내내 "부와 권력을 함께 누려서는 안 된다"라고 국민들을 설득했다. 그러나 선거 3일을 남기고 부산 '초원복집 사건'이 터져 지역감정을 더욱 악화시켰다. 그는 지미 카터의 주선으로 1994년 8월 15일 남북정상회담을 갖기로 합의했으나 김일성의 갑작스러운 죽음으로 무산되었다. 그는 1996년 12월 12일 선진국 모임인 경제개발협력기구(OECD) 가입으로 한국은 OECD의 29번째 회원국이 되었다. 이로써 한국은 아시아에서는 일본에 이어 2번째, 세계에서는 29번째로 OECD에 가입함으로써 한국경제사의 중요한 전환점을 맞았다.

　김영삼 대통령은 '윗물이 맑아야 아랫물이 맑다'는 신념 아래 변화와 개혁을 통한 투명한 사회 건설에 진력했다. 1993년 2월 27일 자신과 가족의 재산을 우선 공개한 데 이어 국무위원을 비롯한 공직자 재산 공개를 단행, 부적격 장관을 퇴진시키는 등 '윗물맑기운동'에 시동을 걸었다. 취임 첫날부터 개혁식단인 칼국수가 등장했고, 3월 4일 기자간담회에서 일체의 정치자금을 받지 않겠다고 선언했으며, 청와대 안가를 철거시켰다. 김영삼은 안기부도 기구를 대폭 축소시키고 정치 관여를 금지시켰으며, 3월 17일 국가기강확립회의에서는 "임기 중에 골프를 치지 않겠다"고 선언했다. 그는 청남대를 제외한 지방 청와대와 대통령 전용시설을 모두 국민에게 되돌려주었다. 슬롯머신 사건수사를 시작으로 사회 사정작업을 본격화했으며, 감사원에 성역 없는 감사를 지시하여 군 무기도입 부정의 율곡비리 감사에도 착수했다. 그는 5월 13일 "문민정부는 5·18 광주민주화운동의 연장선상에 있다"고 역사적 재평가와 명예회복 조치를 단행했으며, 12·12사태는 "하극상에 의한 쿠데타적 사건"이라고 규명했다. 그는 같은 해 8월 12일 금융실명제를 전격 단행했다. 투명사회 건설의 초석이 된 이 제도는 독일과 일본에서도 실패했던 제도로 선진 한국의 발판을 마련했다는 평가를 받았다.

김영삼은 이어 8월 15일 경복궁을 짓누르고 있던 육중한 총독부 건물 철거를 전격 발표했다. 일부 언론의 반대에도 불구하고 민족 자존심과 정기를 세우기 위한 결단이었다. 그는 철거건물의 돔 첨단부를 독립기념관으로 옮기는 것 외에는 벽돌 한 장도 빠져 나가지 못하도록 철저히 가늘게 부수었다. 혹시 일부 자재를 빼돌려 기념용으로 사용할 지도 모르기 때문에 취한 조치였다. 그는 또 11월 청와대 본관이었던 구 총독부 관사 건물을 철거, 옛 지형대로 복원해 원래 이곳에 있던 건물 명칭에 따라 수궁(守宮)터라 불렀다. 이는 진실로 민족정기를 올곧게 세우자는 일념에서만 가능했다.

김영삼은 투명사회 건설의 정책 추진은 옳았지만 이에 걸맞는 제도개혁에는 크게 미흡, 자신의 아들인 김현철을 비롯한 홍인길 등 측근들의 각종 비리와 부정으로 투명사회 구축은 빛을 바랬으며, 임기 말 노동법 날치기 처리에 따른 노동계와 야당의 강경한 반대에 직면하여 정국이 혼돈 속에 빠졌다. 특히 그는 한보를 비롯한 재벌들의 잇따른 부도와 아들 김현철의 구속에 이어 기아의 부도로 급기야 IMF체제를 불러오고 말았다. 당시 1시간당 11개 기업이 쓰러지고 508명의 실업자가 발생했다. 그는 6·25 이후 최대의 국란을 야기, 박정희가 지어놓은 가마솥을 잃어버린 대통령으로 낙인찍히는 불명예를 뒤집어써야 했다.

김영삼 정부에서 괄목할 만한 개혁은 1993년 8월에 실시한 '금융실명제'이다. 그것은 경제뿐만 아니라 정치에서도 커다란 충격과 영향을 가져올 대개혁이었다. 과거 국가 주도의 경제발전은 경제를 국가권력에 종속시켰는데, 이러한 조건하에서는 경제의 합리성, 시장의 자율성이 확보되기 어려웠다. 국가의 경제지배에서 가장 강력한 수단은 국가의 금융 및 여신의 지배였다. 가명을 통한 금융거래는 권력과 금력이 합법적으로 또는 불법적으로 거래되는 제도였고, 뇌물, 탈세, 정치헌금 등이 이를 통해 이루어지는 부정과 부패의 온상이었다.

금융실명제는 부패한 권력과 부정한 금력의 유착관계를 단절하기 위해 무엇보다도 필수적인 제도이다.

김영삼 대통령이 1993년 8월 12일 발표한 금융실명제 실시 조치는 '헌법' 제76조 제1항의 긴급재정·경제명령에 해당한다. 이 긴급재정·경제명령권의 발동과 관련하여 대통령은 특별담화에서 "정치와 경제의 검은 유착을 근원적으로 단절하고, 이 땅에 진정한 분배정의를 구현하며, 우리 사회의 도덕성을 확립하기 위한 것이며, 금융실명제 없이는 건강한 민주주의도, 활력이 넘치는 자본주의도 꽃피울 수가 없으며, 정치와 경제의 선진화도 이룰 수가 없음"을 강조하면서 금융실명제를 대통령의 긴급명령으로 실시할 수밖에 없었음을 밝히고 있다.

이러한 금융실명제를 국회에서 법 개정의 방식으로 행하지 않고 긴급재정·경제명령권의 발동으로 실시한 것은 공개적인 입법과정에서 예상되는 부작용이 크기 때문인 것으로 해석된다. 이 명령으로 인하여 기존의 '금융실명거래에 관한 법률'(1982. 12. 31. 제정, 법률 제3607호)은 효력이 상실되었다. 그리고 국회는 8월 19일 본회의를 개최하여 대통령이 승인을 요청한 '금융실명거래 및 비밀보장에 관한 긴급재정·경제명령안'을 사실상 만장일치로 통과시켰다. 이에 앞서 재무위원회는 8월 18일 재무부 등을 상대로 실명제 실시와 관련한 긴급명령을 만장일치로 승인하였다.

I. 도덕성

김영삼 대통령은 부족함이 없이 넉넉한 집안환경에서 성장했다. 풍족한 가정환경에서 자랐기 때문에 누구에게든지 후하게 퍼주고 지원함으로써 동지애와 의리를 쌓아갈 수도 있었고, 돈 문제에 관해서도 여타 정치인보다 초연한 입장을 견지할 수 있었다. 그의 정치생활 전반에서 정치자금에 관해서는 당 실무 간부들에게 모두 맡기는 등 거의 개입하지 않는 모습을 보여주었다. 그래서 퇴임 후에도 비자금과 관련된 대통령 개인의 스캔들이 없었던 것이다.

김영삼 대통령은 임기 초 통신비밀보호법이 제정되었음에도 불구하고 불법적으로 도청행위를 계속한 국가안전기획부 내 '미림팀'으로부터 청와대가 직보를 받아온 사실이 공개되었으며, 1990년 1월 22일 3당 합당 시 노태우·김영삼·김종필이 작성한 내각제합의 각서에는 '1년 안에 내각제로 개헌을 추진한다'는 내용이 있었으나 내각제 합의는 김영삼 대통령의 임기까지도 진전을 못보고 결렬되었다. 그리고 김영삼 대통령은 쌀 개방 저지라는 지킬 수 없는 공약도 하였다.

김영삼 정부의 신뢰 상실은 임기의 마지막 해인 1997년 1월 발생한 외환위기 발생의 신호탄이라 할 수 있는 한보사건을 계기로 터져 나왔으며, 1997년 5월에는 차남 김현철과 정권의 '금고지기'로 불렸던 국가안전기획부의 김기섭 운영차장을 이 사건과 연루하여 알선수뢰 혐의로 구속하게 되었다. 김영삼 대통령은 차남의 구속 등으로 도덕성이 실추된 상황에서 그나마 남은 정력과 관심을 차기정권 창출을 둘러싼 권력투쟁에 쏟아 부음으로써 전문성이 부족한 경제에 대해서는 제대로 된 상황마저도 보고받지 못하고 있었던 것이다. 또한 핵심 우방국 지도자들과 두터운 상호 신뢰감을 구축하지 못하고 이들 국가들로부터 협조를 얻어내지 못하여 IMF사태를 가져오게 되었다.

2. 시대정신 및 비전

김영삼 후보의 대통령 당선은 그 자체가 한국 민주화의 진전을 의미하였다. 1960년대 이래 처음으로 한국 민주화를 이끌었던 민간인 지도자가 선거를 통해 권력을 계승했다는 의미를 지니고 있기 때문이다. 1993년 2월 25일 제14대 김영삼 대통령이 취임하면서 1961년 5·16 군사쿠데타 이후 32년 동안 계속된 군사정권을 마감한 문민정부의 등장으로, 군사독재의 폐단을 철저히 제거하고 민주주의의 제도적 기틀을 확고하게 구축하는 것이 시대정신이라 할 수 있다.

김영삼 대통령은 취임 당시 나름대로 자신의 현실진단과 더불어 향후 국가운영의 비전을 제시하였다. 오늘날 한국은 자신감 상실과 패배주의라는 '한국병'을 앓고 있다고 진단하고 변화와 개혁을 통해 이를 치료하여 '신한국창조'라는 비전을 제시하면서 국가운영의 철학과 방향으로 삼았다.

김영삼 대통령은 자신을 군부정권이 아닌 '문민정부'로 규정함으로써 자신의 역사적 의미와 사명을 스스로 규정하였으며, '역사 바로 세우기' 작업을 통해 전두환·노태우 두 전직 대통령을 포함한 12·12, 5·18 관련자들을 처벌함으로써 세계민주화 역사에 기록될 업적을 남겼다.

3. 추진력(국정수행 능력)

1993년 2월 25일에 대한민국 제14대 대통령으로 취임한 김영삼 대통령은 취임 당시 변화와 개혁을 통한 '신한국창조'를 김영삼 정부의 국정철학으로 내세웠다.

신한국을 창조하기 위한 3대 과제로 부정부패 척결·경제 살리기·국가기강 확립을 제시하였는데, 부정부패를 척결하기 위해 초기에 공직자 재산공개를 시발로 과거 권위주의 시대의 기득권층에 대한 대대적인 사정을 실시하였으며, 정경유착의 사슬을 끊고 자본주의를 꽃 피우기 위해서 1993년 8월 12일에 금융실명제를 전격적으로 단행하였고, 국가기강을 확립하기 위해서 군대 내 사조직인 하나회 척결을 시발로 정치군부 출신의 엘리트와 대구·경북으로 대표되는 기득권 집단의 해체, 국가기구 및 국가권력을 관장했던 상층 엘리트를 대상으로 사정에 초점을 맞추었다.

정치개혁에서는 여야 간 타협과 적절한 절차를 밟은 결과 상당한 성과를 거둘 수 있었는데, 무엇보다도 1994년 3월 통합선거법·정치자금법·지방자치법 등 3대 정치개혁 입법을 실현시켰다. 통합선거법

제정을 통해서는 선거일의 법정화, 전체 선거운동 기간의 단축과 더불어 대중매체를 통한 선거운동 실시 유도 및 선거사범에 대한 처벌 강화 등 '돈 안 드는 선거, 깨끗한 선거'라는 목표를 향해서 상당한 진전을 기할 수 있었다.

정치자금법 개정을 통해서는 정액 영수증 제도를 도입하였고, 후원회 제도를 보다 강화한 데 이어 정당에 대한 국고보조금을 확대하였고, 선관위의 권한도 확대하였다. 지방자치법 개정으로 기초 및 시도 단체장 선거제도를 도입, 1995년 6월 27일에는 4대 지방선거가 실시됨으로써 본격적인 지방자치 시대가 개막되었다.

4. 위기대응 능력

김영삼 정부는 대한민국 정치사에서 독특한 위상을 갖고 있는 정권이었다. 한국 정치 사상 처음으로 본격적으로 민주적인 국가운영을 해야 한다는 과제를 맡았으며, 탈냉전과 세계화·정보화라는 국제정치적·문명사적 흐름에 적합한 새로운 국가운영 모델을 수립해야 했다. 문제는 김영삼 대통령이 이러한 과제를 감당하기에 적합한 리더십을 가진 정치인이 아니었다는 점이다. 민주화를 주도하고 민주주의 이행기에 권위주의 정권의 잔재를 청산하는 데는 효과적이었지만, 발전국가 이후 새로운 국가 모델을 제시하고 창출하거나 국가운영에 필요한 위기대응 능력을 보여주지 못하였다.

김영삼 대통령의 취약한 위기대응 능력을 반증하는 가장 대표적인 사례가 IMF사태를 가져와 구제 금융으로 인한 경제위기를 자초한 것이라 할 수 있다.

김영삼 대통령은 절대적인 리더십을 발휘하다가 1997년 초 노동법 파동, 한보사태, 아들인 김현철 구속 등 국정위기 요인이 한꺼번에 몰아닥치자, 이에 제대로 대처하지 못하고 국정운영 능력을 상실했다. 특히 1996년 12월 26일 노동법의 새벽 날치기 처리로 인한 심상치 않은 민심에 대해 "노동법이 아주 악법이 아니고 선진국 형으로 바뀐 것으로 나도 임기가 많이 남지 않았지만 누군가는 반드시 해야 될 일을 한 것"이라며 대수롭지 않게 생각했다. 그는 여·야 영수회담에 대해 언급하면서 "지금 야당 총재와 만나 이 문제를 해결할 특별한 길이 있는 것이 아니다"며 야당 총재를 만날 계획을 갖고 있지 않다고 덧붙였다. 하지만 그는 1997년 1월 21일 김대중 등 야당 총재와 영수회담을 가져야 할 정도로 국정위기를 자초했으며, 이어 1997년 1월 23일 한보그룹의 부도사태가 터져 전 청와대 총무수석 출신인 홍인길 의원을 비롯한 황병태 국회 재경위원장, 김우석 내무장관 등 측근들이 줄줄이 구속되어 큰 충격을 받았다.

김영삼 대통령 개인은 정치상황을 읽는 데 명수이고, 직관력이 좋으며, 결단력과 용기가 있고, 위기대응 능력이 있는 것으로 평가된다. 일단 선택된 것은 행동으로 옮기는 성향을 갖고 있으며, 다양한 전략에 의한 힘의 정치를 잘 구사하고, 필요시에 누구와도 타협할 수 있고, 인내할 줄도 아는 현실주의적 정치가이다. 즉, 반독재 투쟁 과정에서 그는 의견이 다른 재야단체는 물론 경쟁상대인 김대중과도 연합했으며, 대통령이 되기 위해서 3당 합당까지도 하였다.

5. 통합력(소통)

김영삼 대통령의 재임기간은 세계가 미국과 소련의 양극체제에서 탈냉전의 시대로 들어서 새로운 국제 질서가 형성되는 시기였다. 국내적으로는 지난 30여 년 간의 군사정권에서 벗어나 문민정부가 들어서면서 정치·경제 등 사회 전반에 걸쳐 근원적인 국가구조 재조정이 요청되는 시기였으므로 이념·계층·세대 간 갈등은 크게 문제가 되지 않았다고 할 수 있다.

김영삼 대통령은 1996년 11월 최종현 전경련 회장으로부터 "앞으로 5년간 임금을 동결하지 않으면 경제가 파탄날 것"이라며 긴급경제명령 발동을 강력히 건의 받았으나 별로 대수롭지 않게 받아 들였고, 1997년 1월 건국 후 최대의 금융부정 사건으로 기록된 한보사태가 닥쳤을 때도 수석비서관 회의에서 이에 대한 대책마련을 위해 토론한 적이 한 번도 없었다고 한다. 보고체계가 잘못되어 있었기 때문이다. 또 한보가 부도나기 1주일쯤 전에는 경제수석비서관으로부터 "흔히 있을 수 있는 단순한 금융사고"라는 간단한 보고가 있었을 뿐 엄청난 사회적 파장이나 검찰수사 등은 거론조차 되지 않았음은 김영삼 대통령의 소통 능력에 중대한 문제점이 있음을 보여준다.

김영삼 대통령의 전광석화 같은 리더십은 탈군부화 개혁, 금융실명제 등의 역사바로세우기의 권위주의 과거청산 개혁에는 유효하게 작용했으나, 과거 권위주의 정치문화의 잔재를 청산하고 민주적 절차와 과정을 제도화하며 민주적 정치문화를 정착시키는 데에는 부정적으로 작용하였다. 정경유착의 사슬을 끊기 위해서 1993년 8월 12일에 단행한 금융실명제와 같은 전격적인 개혁조치는 민주적 토의과정을 거친 끝에 나온 것이 아니라 대통령이 전광석화처럼 내린 긴급재정명령에 의해 이루어진 것이며, 이러한 긴급명령의 만연은 토론과 타협을 선호하는 민주적 정치문화의 정착을 저해하였다. 정책결정이 소수의 측근과 관료에 의해 국민의 대표인 국회 또는 정당·시민사회와 협의의 과정을 거치지 않은 채 대통령궁의 밀실에서 이루어짐으로써 권위주의 시대의 정책결정 과정이 부활하게 되었으므로 김영삼 대통령은 입법적 리더십이 충분하였다고 할 수 없다.

6. 인사 능력

김영삼 대통령은 인재등용에서 PK(부산·경남)라는 지역적 인재집단의 범주를 벗어나지 못하였으며, 능력에 따라 인재를 발탁하여 적재적소에 등용하는 것이 아니라 내 사람이냐, 아니냐가 주요 발탁기준이었다고 한다.

대통령의 인사권은 국정을 내각과 공동으로 책임진다는 의식보다는 선거에서의 논공행상과 시혜적 차원에서 시행되었다는 느낌을 주었으며 무엇보다 가장 큰 문제점은 차남이라는 사적 인물의 국정 개입을 묵인하여 공직 세계의 기본적인 질서를 흔드는 결과를 초래하였다는 점이다.

김영삼 대통령은 매사에 안 되면 사람 탓을 하며 문책인사를 하여 재임기간 중 장·차관을 자주 교체함으로써 장관 평균 임기는 9개월을 넘지 못했다. 그리고 자신을 한 번 떠났거나 자신의 신임을 한 번 상실한 사람은 다시 중용하지 않는 경향도 보였다.

7. 국민·국회와 협력

김영삼 정부 하에서 정치는 더 경쟁적이 되었다. 탈군부화 개혁과 금융실명제 그리고 선거법 개혁 이후 정치인들은 군부의 지지 또는 자본가의 지지가 아니라 주권자인 국민들의 지지를 얻는 것이 권력을 장악하는 기본원리라는 인식을 갖게 되었다. 김영삼 대통령은 중요한 정치적 의제를 자신이 직접 설정하고 결정한 다음, 이를 언론을 매개로 하여 국민들에게 그 당위성을 직접 호소하는 방식으로 국민들로부터 협력을 얻고자 하였다.

김영삼 대통령은 정치개혁 법안들이 공개된 뒤 여당에서조차 반발이 생기자 두 번씩이나 여당의 주요 당직자들을 청와대로 초청하여 자신의 의지를 피력하였다. 그리고 정치개혁 법안들이 국회에서 여야

협상에 돌입하기 전인 1993년 10월 새해예산안 시정연설을 통해 여야 국회의원들에게 정치개혁 법안들의 통과를 위해 협조를 요청하였다. 그리하여 1994년 3월 통합선거법·정치자금법·지방자치법 등 정치개혁 입법을 실현시킬 수 있었다.

그런데 김영삼 대통령은 민주적 지도자로서의 상징적인 이미지와는 다르게 민의의 전당인 국회를 경시하는 태도를 보이기도 했다. 1996년 4월 11일 실시된 제15대 국회의원 선거에서 과반수에서 11석이 모자라는 139석을 획득하였으나 무소속 의원들을 영입해서 인위적으로 151석의 과반수를 확보하고 예산안과 노동법을 날치기 하는 등 국회를 경시하면서 '문민독재'의 길을 걸었다고 비판하는 사람도 없지 않다.

제8장
김대중 대통령

　김대중 대통령의 집권으로 한국은 헌정 사상 첫 여야의 평화적인 정권교체를 이룩했다. 이는 한국정치사의 신기원을 이룩하고 금자탑을 세웠다는 점에서 높이 평가받을 일이었다. 미국 등 선진 민주국가는 자연스럽게 여야의 평화적 정권교체가 이루어진다. 국가와 국민은 영원하지만 정권은 유한하기 때문이다. 일본도 1990년대 중반에야 여야의 평화적인 정권교체가 이루어졌다. 1997년 이전 우리나라는 여야의 평화적인 정권교체를 이룬 적이 없었다. 1960년 민주당 정권은 4·19혁명으로 자유당이 무너지고 나서 탄생한 것이며, 1992년 김영삼도 3당 합당을 통해 여당으로서 정권을 잡았기 때문에 여야의 정권교체는 아니다.

　여야의 평화적인 정권교체는 국민에게 명실상부한 선진 민주국가로서 자부심을 안겨주었으며, 우리나라에도 성숙한 민주주의가 꽃피우고 있음을 보여주었다.

김대중은 1997년 12월 19일 대통령에 당선된 후 국회의원회관 회의실에서 첫 기자회견을 갖고 여야 정권교체 의미를 강조했다.

"20세기를 마감하고 21세기를 향해 가는 오늘, 우리는 50년 만에 처음으로 여야의 평화적인 정권교체라는 위업을 이룩했습니다. 1997년 12월 18일은 국민 전체가 대동단결할 수 있는 역사적인 전환점으로 기억될 것입니다. 특히 저는 지역 간 대립과 갈등의 시대를 마감하고 국민 화해와 통합을 위한 밑거름이 될 것입니다."

김대중의 집권은 여야의 정권교체는 물론 집권세력의 전면 교체를 의미했다. 이는 1961년 5·16 이후 36년을 집권했던 영남 중심축의 일대 변화를 의미했다. 집권세력의 교체는 그만큼 우리 사회 전반에 걸쳐 안정추구세력이 확장됨을 말해준다. 이것은 우리 정치가 타협과 상생이라는 본래의 틀을 정착시킬 수 있게 되었다는 점에서 의미는 컸다(김인수, 2003 : 250-252).

김대중은 1997년 IMF라는 6·25전쟁 이후 최대의 국가재난 상태에서 정권을 넘겨받았다. 당시 우리나라 가용 외환보유고는 38억 6,000만 달러에 불과하여 IMF의 지원이 없으면 국가가 부도상태에 빠지는 참담한 상황이었다. 국민 1인당 소득(GNP)이 1만 달러에서 5년 전의 6,000달러 수준으로 떨어지는 등 국민들의 생활고는 견디기 어려운 수준으로 추락했다.

김대중은 국민 20%의 희생을 통해 80%의 국민을 구해야 하는 절박한 상황이었다. 그는 뼈를 깎는 아픔과 고통을 겪으며 과감한 결단을 통해 5개 은행의 퇴출과 3대 재벌 안에든 대우그룹의 파산 등 부실기업 정리를 단행했다. 그는 공적자금을 투입해서 은행의 부실을 막았으며 합병을 통해 대형화시켰고, 외국 자금을 적극 유치하는 등 외환보유고 확충에 총력을 기울였다. 그 결과 2001년 8월 23일 외환위기를 겪은 아시아국가 중 처음으로 IMF 지원자금 195억 달러를 당초 계획보다 3년 앞당겨 전액 상환, IMF를 졸업하고 잃어버린 경제주권을 3년 9개월 만에 되찾았다. 외환보유액도 2002년 말에는 1,200억 달러가 넘게 확충, 세계 4대 외환보유국으로 부상했다. 특히 1인당 국민소득(GNP)도 2002년 말 다시 1만 달러를 넘어섰다.

김대중은 1999년 1월 외환위기 국가 중 가장 빨리 투자적격 등급을 회복한데 이어 2002년 S&P·무디스·피치의 세계 3대 신용평가 기관에서 모두 국가신용 A등급을 되찾았다. 1998년 마이너스 6.7%를 기록했던 우리 경제의 성장은 1990년부터 10%대의 빠른 속도로 회복되어 국민적 자신감을 불어넣었고, 2.6%의 저물가 기조 속의 실업률도 2.5%에서 안정시켰다. 저금리기조의 정착, 기업자금 사정의 호전 등 안정된 금융시장이 실물경제의 성장을 뒷받침했다.

김대중 대통령과 김정일 국방위원장간의 역사적인 남북정상회담이 2000년 6월 13일부터 15일까지 평양에서 열렸다. 두 정상은 전쟁재발 방지와 평화정착에 대한 확고한 공감대를 바탕으로 '6·15 남북공동선언'을 천명, 반세기에 걸친 반목과 대결 관계를 청산하고 화해와 협력시대를 여는 초석을 마련했다. 현대의 5억 달러 대북지원이 정상회담 대가라는 비판으로 의미가 반감되기는 했지만, 이를 열쇠로 육중한 평양 성문을 열고 직접 들어가 김정일과 정상회담도 하고 금강산 육로관광, 경의선 및 동해선 철도연결, 개성공단 착공 등 남북의 여러 현안을 전향적으로 해결했다. 또한 그는 2000년 12월 10일 한국인으로서는 처음으로 노벨평화상을 수상했다.

김대중 전 대통령에게는 한국 헌정 사상 최초로 여야의 평화적인 정권교체, 호남 대통령의 탄생, IMF라는 거대한 시련을 극복한 대통령 등 여러 가지 수식어가 붙는다. 하지만 그는 국내보다는 국외에서 더 좋은 평가를 받았고, 또한 열렬하게 지지하는 지지자가 있는가 하면, 엄청난 미움을 보내는 사람이 있는 대통령이었다.

I. 도덕성

김대중 대통령은 취임 이후 "김영삼 전 대통령의 아들 현철씨 비리와 같은 일을 절대로 되풀이하지 않을 것"이라고 공언한 바 있다 (황주홍·고경민, 2002 : 317). 그러나 김대중 대통령의 장남 홍일씨는 이용호·진승현 게이트에 연루돼 불구속 기소되었으며, 차남 홍업씨와 삼남 홍걸씨가 이권청탁 개입 의혹 때문에 김대중 대통령 임기 말에 검찰에 구속되었다.

김대중 대통령은 1992년 12월 18일 제14대 대통령선거에 출마해 김영삼 후보에게 패배하자 정계은퇴를 선언한 바 있다. 그러나 그는 1995년 6·27 지방선거 과정에서 사실상 정치활동을 재개했고,

1995년 7월에는 정계 은퇴를 번복한다는 내용의 대국민 사과문을 발표하였다.

자민련과의 공조로 김대중 정부를 출범시키면서 내각제를 표방하였지만 약속을 지키기 위한 본격적인 노력을 기울인 적이 없다. 그리고 김대중 대통령은 농어촌 부채 탕감이라는 지킬 수 없는 공약을 하였고, 임기 말에는 그동안 중지된 것으로 알려졌던 국정원의 감청 문제가 다시 드러나기도 했다.

2. 시대정신 및 비전

1998년 2월 25일 출범한 김대중 정부는 한국정치사에 획기적인 의미를 갖고 있다. 무엇보다 최초로 50년 만에 여야 간 평화적인 정권교체가 실현되었다는 점이다. 김대중 정부의 출범은 이제 특정 인물이나 세력이 집권하여도 이를 거부하지 않는 상황이 조성되었고, 나아가 과거의 군부독재 정권이나 권위주의 정치체제로 회귀할 가능성도 사라졌다는 점에서 한국 민주주의 공고화의 큰 전기를 가져 왔다고 할 수 있다.

김대중 대통령은 당선 제1성으로 '민주주의와 시장경제의 병행발전'을 국가운영의 비전으로 제시하였으며, 제15대 대통령 취임사에는 외환위기 극복과 경제 활성화, 남북관계의 개선, 민주주의의 진전을 김대중 정부인 국민의 정부 3대 국정목표로 제시하였다.

김대중 정부는 평화·화해·협력을 통한 남북관계의 개선을 대북정책의 목표로 정했다. 이는 튼튼한 안보를 통해 평화를 유지하고, 다른 한편으로는 화해와 협력을 추구함으로써 북한으로 하여금 스스로 변화와 개혁의 길로 나올 수 있는 환경을 조성하고 한반도 평화와 남북 간 평화 공존을 실현시킨다는 것이다. 이러한 김대중 대통령의 대북포용정책은 이른바 '햇볕정책'으로 일컬어지면서, 분단체제 이후 최초의 6·15 남북정상회담을 성사시키는 등 남북 화해·협력의 새로운 틀을 구축했다.

3. 추진력(국정수행 능력)

김대중 대통령은 제15대 대통령 취임사에서 외환위기 극복과 경제 활성화, 남북관계의 개선, 민주주의의 진전을 '국민의 정부'의 3대 국정목표로 제시하였다. 외환위기 극복과 경제 활성화를 위해 그는 재벌·금융·공공·노동의 4대 개혁, 생산적 복지, 새로운 성장 잠재력 발굴을 위한 정보화 사업 등을 추진하였으며, 1999년 11월 19일 IMF 관리체제를 극복하였다고 선언하였다.

남북관계의 개선을 위해 그는 대북포용정책, 즉 '햇볕정책'을 수립·추진하였으며, 민주주의의 진전을 위해 당면한 위기관리 체제를 민주주의 공고화를 위한 계기로 연계시켜 우리 사회의 각 부분을 재편하기 위해 정치·경제·사회에 대한 개혁을 밀고 나갔다고 할 수 있다.

　김대중 정부에서는 두 차례 정치개혁이 진행되었다. 첫째, 1998년 4월 30일 여야 합의로 처리된 선거법 개정이다. 주로 비용절감의 차원에서 개정되었다. 둘째, 2000년 2월 8일 국회를 통과한 정치개혁법안, 단지 국회의원 정수 26명을 줄인 것과 비례대표 여성후보 비율 30% 할당제 도입, 국회제도 개선 등의 부분적인 성과만 있었다.

4. 위기대응 능력

　김대중 대통령은 1997년 IMF라는 6·25전쟁 이후 최대의 국가재난 상태에서 정권을 넘겨받았다. 당시 우리나라 가용 외환보유고는 38억 6,000만 달러에 불과하여 IMF의 지원이 없으면 국가가 부도 상태에 빠지는 참담한 상황이었다. 국민 1인당 소득(GNP)이 1만 달러에서 5년 전의 6,000달러 수준으로 떨어지는 등 국민들의 생활고는 견디기 어려운 수준으로 추락했다. 김대중 대통령은 뼈를 깎는 아픔과 고통을 겪으며 과감한 결단을 통해 5개 은행의 퇴출과 3대 재벌 안에 든 대우그룹의 파산 등 부실기업 정리를 단행했으며, 공적자금을 투입해서 은행의 부실을 막았고, 합병을 통해 대형화시켰다. 더불어 그는 외국자금을 적극 유치하는 등 외환보유고 확충에 총력을 기울였다. 그 결과 2001년 8월 23일 외환위기를 겪은 아시아국가 중 처음으로 IMF 지원자금 195억 달러를 당초 계획보다 3년 앞당겨 전액 상환함으로써 IMF를 졸업하고 잃어버린 경제주권을 3년 9개월 만에 되찾았다. 외환보유액도 2002년 말에는 1,200달러를 넘게 확충하여 세계 4대 외환보유국으로 부상했다. 특히 1인당 국민소득(GNP)도 2002년 말 다시 1만 달러를 넘어섰다.

김대중 대통령이 처한 정치적 환경은 DJP연합에도 불구하고 국회에서는 한나라당이 과반을 점한 가운데 국민회의·자민련 양당이 공조를 해도 여소야대 상태를 극복하지 못하고 있었으며, DJP공동정권이어서 국무총리뿐만 아니라 내각구성도 자민련과 상의해야 하는 상황이었다.

불우하고 어려운 환경 속에서 태어났지만 김대중 대통령은 우수한 자질과 각고의 노력으로 최고 국가지도자의 반열에 이른 인물이다. 그리고 그는 정치적·생물학적 생사를 넘나드는 끊임없는 시련 속에서 '인동초' 같은 인내와 끈기로 부단한 자기 연마를 통해 마침내 최고 지도자의 반열에 오르게 되었으며, 대통령이 되기 위해 보수 세력의 원조인 김종필과의 DJP연합까지도 하였다.

5. 통합력(소통)

김대중 대통령은 야당인 한나라당이 국회를 장악하고 있는 상황에서 DJP 공조라는 지역연합을 통해서 힘겹게 집권할 수 있었다. 그렇기 때문에 국무총리는 철저하게 DJP연합과 공조를 위해 배려함으로써 자민련 출신의 국무총리가 임기 말을 제외하고는 국무총리 직을 차지하였기 때문에 자민련의 보수성향이 개혁정책과 햇볕정책을 제약하는 구도였다. 그런데 김대중 대통령은 재임기간의 경제위기 상황인 IMF 관리체제를 잘 활용하고 2002년 월드컵의 성공적인 개최를 통해 이념·계층·지역·세대를 뛰어 넘어서 각계각층의 협조를 받으면서 국정을 운영할 수 있었다.

6. 인사 능력

김대중 대통령은 인재 발탁의 기준이 전문성보다는 충성심이나 정치적 배려를 중시하였고, 대북정책·경제정책·사회문화정책 분야 등에 대한 정책 입안과 시행을 소수의 인재풀에만 의존하는 경향을 보였다.

김영삼 대통령이 언론에 사전 유출되는 사람을 제외하고 인재를 등용한 것과 달리 김대중 대통령은 언론에 의도적으로 유출하여 사전검증을 한 뒤에 인재를 발탁하는 경향이 있었다.

김대중 대통령은 사람을 전적으로 신뢰하지 않고 권한을 많이 위임하지 않았으며, 잦은 개각으로 그의 임기 중 총 96명의 장관이 임명되었고, 평균 재임기간은 11.5개월이었다. 이는 국정운영에 있어서 안정성과 효율성을 담보해내지 못하고 내각의 관료장악력을 떨어뜨리는 결과를 낳았다고 할 수 있다.

7. 국민·국회와 협력

김대중 대통령은 취임 초 국민들의 뜻을 잘 파악하고 또 국민적 갈등과 대립을 조정할 수 있는 적임자로 평가되었다. 그리고 비판이 없었던 것은 아니지만, 실제로 방송을 통한 세 차례의 '국민과의 대화'를 통해 국민들에게 국정의 실상과 방향을 설명하고 국민들의 이해를 구하는 민주적 리더의 모습도 보여주었다. 그는 방송을 통해 국민을 설득하고 지지를 얻고자 하였던 것이다.

김대중 대통령은 취임 당시 "모든 것을 국회 다수당인 야당 여러분들과 상의하겠다"고 했으며, 국회 내에서의 수적인 열세와 정권의 지역적인 한계를 극복하기 위해 정치적 연합(지역연합)을 통해 국정을 이끌어 나갔다.

제9장
노무현 대통령

　재야 활동을 하던 노무현은 당시 통일민주당 총재이던 김영삼에게 발탁되어 정치에 입문하였고, 1988년 부산 동구에서 통일민주당 후보로 제13대 국회의원에 당선됐다. 국회 노동위원회에서 활발한 활동을 벌여 이해찬, 이상수 의원과 함께 '노동위원회의 3총사'로 불렸으며, 제5공화국이 끝난 직후, 최초로 텔레비전으로 중계된 5공 청문회에서의 파격적인 언동으로 노무현이란 이름이 국민에게 대중적으로 알려졌다.

　1990년 1월 12일 통일민주당 김영삼 총재, 민주정의당 총재인 노태우 대통령, 신민주공화당 김종필 총재가 민자당을 창당하기로 하는 3당 합당 선언을 하였다. 그러나 노무현은 군사정권의 후예들과 타협을 할 수 없다는 이유로 강력히 반대하며 민자당에 합류하지 않았다. 그리고 1992년 민주당 후보로 부산 동구에 출마하여 낙선한 뒤 1993년 민주당 최연소 최고위원이 되었다. 1995년에는 부산시장

선거에 출마하여 36.7%라는 높은 득표율을 얻어 선전하였으나 결국 낙선했다.

이후 노무현은 더 큰 시련을 겪게 되었다. 14대 대선에서 패한 후 정계 은퇴를 선언한 김대중 아태재단 이사장이 전격적으로 복귀하면서 새정치국민회의를 창당했고, 노무현은 이를 야권 분열이라면서 또 다시 음지에 남게 된 것이다.

이듬해 1996년 4월 11일 실시된 대한민국 15대 총선에서는 서울 종로구에 통합민주당 후보로 출마했으나 신한국당의 이명박 후보, 새정치국민회의의 이종찬 후보에 밀려 3위로 낙선했다. 이후 노무현은 이부영, 박계동 의원과 김원기, 이철 등과 함께 국민통합추진회의, 일명 '통추'를 결성하여 활동하게 되는데, 15대 대선을 앞두고 다시 한 번 갈림길에 서게 되었다. 당시 통합민주당의 대통령 후보였던 조순 전 서울시장이 신한국당의 이회창과 연대를 결정한 것. 과거 군사정권을 이어받은 신한국당을 선택하느냐, 아니면 야권 분열을 일으킨 새정치국민회의를 선택하느냐를 놓고 '통추' 내에서는 격론이 벌어졌고, 결국 노무현은 김정길, 김원기 등의 집행위원들과 함께 새정치국민회의에 입당하게 된다.

김대중은 노무현을 비롯한 통추 집행위원들을 독대한 자리에서 1995년 야권 분열에 대해 "여러분과 같이 일하게 된 것은 기쁨 그 자체뿐만 아니라, 그동안 지고 있던 짐을 덜게 된 기분"이라는 말로 사과를 대신했다.

1998년 2월 한나라당 의원 이명박이 서울시장 경선 출마를 선언하며 의원직을 사퇴하였고, 이에 따라 치러진 7월 21일 국회의원 재선거에서 노무현은 새정치국민회의 소속으로 서울 종로구에 출마하여 한나라당의 정인봉 후보를 물리치고 6년 만에 국회에 복귀하게 되었다.

그 후 2000년 4월 대한민국 16대 총선에서 상대적으로 당선 가능성이 높았던 종로구 공천을 고사하고, "지역주의 벽을 넘겠다"는 의지를 표명하면서 부산 북·강서을 지역구에서 새천년민주당 후보로 출마하였으나 결국 낙선하였다. 이를 안타깝게 여긴 네티즌들이 인터넷을 통해 '노사모'를 조직하였고, 이후 노사모는 노무현의 중요한 정치적 자산이 되었다.

국회의원에 낙선이 된 후, 그는 2000년 8월부터 2001년 3월까지 김대중 정부의 해양수산부 장관을 지냈다.

16부작 정치드라마로 불렸던 국민경선제는 제주를 필두로 전국 16개 시도를 돌면서 당원(50%)들과 국민(50%)들이 직접 투표하는 방식으로 진행됐다. 국민경선제에는 노무현을 비롯해 김근태, 김중권, 유종근, 이인제, 정동영, 한화갑(이상 가나다순) 등이 후보로 출마하여 누가 더 새천년민주당의 제16대 대통령 선거 후보로 적합한지를 놓고 승부를 겨뤘다. 대회 1회전이라고 할 수 있는 제주에서 한화갑 후보가 의외의 1위를 차지하면서 국민경선제는 그 막을 올렸다. 제주에서 노무현은 득표 3위를 기록했다. 두 번째 울산에서는 부산 출신인 노무현이 가볍게 1위를 했다. 다음은 광주에서 경선을 치룰 차례였는데, 이변은 바로 그 광주 땅에서 시작됐다. 부산의 노무현이 광주에서 당당히 득표 1위를 거머쥔 것이다. '이인제 대세론'이라는 말과 함께 당내 지지율 1위를 달리고 있었던 이인제와 호남 지역에 정치적 기반을 두고 있는 한화갑을 모두 밀어낸 대이변의 승리였다. 노무현은 당시 광주 1위를 기록한 다음, 연단에 서서 자신의 승리가 "광주의 승리, 민주당의 승리, 한국 민주주의 승리로 이어질 수 있게 하겠다"면서 감격적인 반응을 보였다.

이후 노무현은 '노무현 대안론'을 퍼뜨리며 단숨에 지지율이 급상승했고(노풍 ; 盧風), 이인제의 텃밭인 대전·충청권과 경기도 경선(정동영 후보 1위)을 제외한 거의 전 지역을 석권해나갔다. 그리고 2002년 4월 26일 서울 경선을 마지막으로 노무현은 새천년민주당의 제16대 대통령 선거 후보로 공식 선출됐다.

2002년 11월 들어 노무현 진영의 입장이 조금 바뀌기 시작했다. "원칙 없는 단일화에 반대한다는 뜻에는 변함이 없지만, 국민들이 원한다면 단일화를 생각해볼 수 있을 것"이라면서 '국민경선 방식'의 단일화 방안을 제시했다. 국민통합21과 후보단일화추진협의회 측은 노무현 진영 측의 제안을 반대하며 '대의원경선 방식'의 단일화 방안을 역제안 했다. 겉으로는 "국민 경선을 할 시간적 여유가 없다"는 이유를 들었지만, 속내는 대의원 경선 방식이 정몽준 측에 더 유리해서였다. 국민경선이냐, 대의원경선이냐를 놓고 양측은 팽팽하게 대립을 했다. 새로운 제안은 노무현 쪽에서 먼저 나왔다. 노무현 진영은 국민경선 실시가 물리적으로 어렵다는 점을 수용하여 여론조사 방식의 경선을 새롭게 제안했다. 마침 판세는 1강(이회창) 2

중(노무현-정몽준)의 구도로 바뀌고 있던 차였다. 국민통합21도 더는 단일화 방안을 놓고 입씨름을 벌일 만한 상황이 아니었던 것이다. 노무현과 정몽준은 밤늦게 직접 만나 단일화 협상에 나섰고, '러브샷'으로 소주잔을 들며 여론조사 방식의 노무현-정몽준 단일화 협상 타결을 알렸다.

단일화 협상 파기와 재협상, 텔레비전 토론과 여론조사를 거쳐 2002년 11월 24일 노무현-정몽준 단일 후보는 노무현으로 최종 판가름이 났다. 후보 단일화에서 낙마한 정몽준 전 후보는 노무현 후보의 지지유세를 나서는 데 망설여 단 한 차례의 유세를 나가는데 그쳤고, 선거 전날 저녁에는 급기야 후보단일화를 철회하기까지 하였다. 그러나 2002년 12월 19일 노무현은 대통령 선거에서 한나라당의 이회창 후보를 근소한 차로 이기고 당선됐다. 1년 전 지지율 한자릿수에 그쳤던 노무현이 일국의 최고통치자인 대통령의 자리에 오른 것이다. 이어 노무현은 2003년 2월 25일 대한민국 제16대 대통령으로 취임하였다.

노무현은 대통령에 취임한 이후 거침없는 행동과 발언으로 언론의 주목을 받았다. 그의 돌출 행동과 발언이 대통령으로서의 과거의 관습과 이미지를 과감히 타파하겠다는 일념에서 나온 철저하게 계산된 발언이자 행동이라는 분석이다. 그는 청와대 진용 개편에서 개방과 파격의 리더십을 유감없이 발휘했다. 기존의 청와대 비서실 조직을 전면 개편, 386 중심의 민주화 개혁세력들로 채웠다. 역대 청와대가 비서실장 중심의 단일체제였으나 지금은 비서실장, 정책실장,

국가안보보좌관, 국정상황실장의 다원체제로 바뀌었다. 기존 청와대가 부처를 관장하는 역할을 했다면 지금의 청와대는 정책과 시스템 중심의 운영으로 순전히 대통령을 보좌하는 기능에 초점이 맞추어졌다. 정부 각 부처는 정책을 집행하는 기관으로서 국무총리실이 관장하도록 했다. 노무현은 특히 국가정보를 총괄하는 국가정보원을 대폭 축소, 정치 관련 정보수집 기능을 폐지했으며, 국가정보원의 업무를 국가 안보 및 경제 산업 정보수집에 치중하도록 했다. 국가정보원장을 개혁적 인사로 발탁, 정례보고를 폐지하고 현안이 있을 때 수시 보고하도록 했다. 이처럼 파격인사를 통해 주류사회를 전부 바꿔 국가에 새로운 바람을 불어넣자는 뜻도 담겨 있다. 그의 개방과 파격의 리더십이 성공할지는 개혁 주체세력들이 얼마나 대통령을 제대로 보좌할 수 있느냐에 달렸다. 그는 7월 2일 청와대 직원들의 잦은 구설수에 "대선 공로는 6개월이면 족하다"며 이후 공정한 인사개혁을 다짐했다.

노무현은 미·일·중 외교는 물론 각종 파업에 대해 국익 및 법과 원칙을 우선으로 하고 불법 파업을 주도한 전교조 위원장을 구속함으로써 자신의 지지 세력들과 충돌을 빚었다. 그는 8월 26일 화물연대의 잇따른 파업에 민주노총의 개입과 관련 "민노총 활동은 정당성이 없다"며 단호한 대처를 지시, 파업지도부 검거에 나섰다.

노무현 대통령은 청와대 비서실장 등 특정인에게 권력을 집중시키지 않고 서로 견제와 균형을 이루도록 했다. 대통령 취임 이후 철도노조·화물노조·전교조의 학교정보시스템(NEIS) 전면 도입 등에 있어 민정수석비서관이 해결을 주도, 주목을 받았다. 이는 부산인맥의 중심 인물인 문재인 수석의 역할과 입김이 상대적으로 막강하다는 점을 입증했다. 이광재 국정상황실장도 386세력의 중심 인물이자 노무현 개혁을 사실상 주도하고 있다는 점에서 권력의 한 축을 맡고 있었다. 이처럼 그는 자신과 코드가 맞는 인사를 국정운영의 핵심에 두고 권력을 나누어 주고 있었다. 노무현 대통령은 정부부처만 관장할 뿐 당정분리 원칙에 입각하여 당무는 일체 관여하지 않았으며, 국회 역시 청와대의 입김은 거의 미치지 않았다.

'참여정부'를 표방하며 취임한 지 1년이 지난 2004년 초 대통령의 선거중립의무 위반과 측근 비리 등에 대한 야당의 사과 요구를 거절하자, 야당인 한나라당과 새천년민주당이 탄핵소추안을 국회에 제출하였다. 같은 해 3월 12일 국회의장은 경호권을 발동하여 소수 여당인 열린우리당 의원들의 반대를 저지한 채 국회 본회의에 탄핵소추안을 기습 상정하였고, 다수를 점한 한나라당과 새천년민주당이 투표하여 찬성 193, 반대 2로 탄핵소추안을 가결시킴으로써 국무총리 고건이 직무를 대행하였다. 그러나 대한민국 헌정 사상 최초로 대통령 탄핵안이 가결되자, 이를 반대하는 국민들의 비난이 빗발치고 전국 각지에서 탄핵 반대 촛불시위가 잇따랐으며, 같은 해 4월 15일 치러진 제17대 국회의원 선거에서 여당인 열린우리당이 과반이 넘는 152석을 차지하는 결과를 낳았다. 또 같은 해 5월 14일 헌법재판소가 탄핵소추안에 대하여 기각 결정을 내림으로써 두 달 만에 대통령직에 복귀하였다.

대통령 선거에서 공약으로 내세웠던 '신행정수도 이전'에 대하여 헌법재판소에서 위헌 판결을 내림으로써 타격을 입은 노 대통령은 이라크 파병과 한미 자유무역협정(FTA)을 추진하여 지지자들이 등을 돌리는 결과를 낳았고, 유력 일간신문을 비롯한 언론과 대립하여 임기 내내 언론으로부터 호의적인 반응을 얻지 못하는 등 보수 진영으로부터는 친북좌파라는 비난을, 진보 진영으로부터는 신자유주의자라는 비판에 시달렸다.

그런 한편 그는 정치인생을 일관하여 고질적인 지역주의를 청산하기 위하여 노력하였고, 사회 전반에 만연한 권위주의를 타파하는 데도 공헌하였다는 평가를 받는다. 대미(對美) 외교에서는 '대등한 관계'를 추구하였으며, 한반도 평화체제 구축을 위하여 북한과 긴장관계를 해소하는 데 힘썼다.

대통령 임기 말인 2007년 10월 4일 대한민국 대통령으로는 분단 후 처음으로 걸어서 판문점을 통과하여 평양을 방문, 북한의 김정일 국방위원장과 남북정상회담을 열고 '남북관계 발전 및 평화번영을 위한 선언(10·4선언)'을 발표하였다.

노무현 시대는 우리 사회에서 민주화 시대와 세계화 시대가 극적으로 교차하는 막간에 놓여 있었으며, 그러기에 민주화와 세계화가 충돌하는 긴장과 모순에 내내 대면해 있었다. 세계사적으로 보수의 시대가 절정을 보인 한가운데 진보적 가치를 추구해야 했던 것이 노무현 정부의 시대적 조건 또는 숙명이었다. 이러한 구조적인 조건을 극복하기 위해 노무현 대통령과 노무현 정부는 최선을 다하려고 했지만, 집권 당대에는 그렇게 높은 평가를 받지는 못했던 것으로 보인다.

I. 도덕성

노무현 대통령은 1990년 1월 22일 민주정의당·통일민주당·민주공화당의 3당 합당 시 군사정권의 후계자들과 전통적 야당 지도자가 야합하는 데 동참하지 않았다는 평가와 함께 제16대 대통령 선거에서 낡은 정치를 원칙과 상식으로 청산하겠다고 약속하였다.

대통령이 되기 전에 노무현 대통령이 고민했던 것은 원칙과 상식이 통하는 사회였다. 그에 따르면 격렬한 산업화를 지나오면서 반칙과 비상식이 우리 사회를 지배하는 원리가 됐으며, 그 결과 사람이 사람으로 존중받지 못하고 반칙으로서의 특권이 횡행하는 사회가 됐다. 대통령이 된 노무현의 꿈은 원칙과 상식이 바로 서는 사회였다. 그리하여 그는 민주화 이후까지 잔존해왔던 권위주의 정치의 제도와 문화를 청산하였으며, 검찰·국정원·경찰·국세청과 같은 권력기관을 정치적으로 이용하지 않음으로써 권력기관의 정치적 사인화를 방지하고 정치적 중립을 수립하는 계기를 마련할 수 있었다.

그런데 노무현 대통령은 2003년 2월 25일 대통령으로 취임한지 오래지 않은 2003년 10월에 그의 측근인 대통령 총무비서관 최도술이 거액의 뇌물을 받은 혐의로 구속되어 신뢰성을 의심받게 된다. 최도술은 부산상고 동문인데다 노무현 대통령이 변호사를 하던 시절 사무장을 맡은 바 있으며, 1995년 부산시장 선거 때 민주당 노무현 후보의 회계책임을 맡은 바도 있다. 노무현 대통령이 그렇게 믿은 최도술이 대통령 당선자 시절인 2002년 12월 말에 SK그룹 회장 손길 승으로부터 '당선축하금' 명목으로 10억 원이 넘는 양도성예금 증서를 받은 사실이 드러나 최도술과 손길승은 모두 구속되어 실형을 사는데, 그 사건은 노무현 대통령의 신뢰에 치명타에 가까운 것으로 2004년 3월 국회에서 탄핵소추를 당하는 한 원인으로 작용하였다.

2. 시대정신 및 비전

노무현 대통령 당선이 상징하는 대표적인 시대정신은 권위주의 시대에 정치를 했던 3김 시대의 낡은 정치를 마감하면서 잔존하고 있던 권위주의를 청산하여 민주주의 정치를 제도화하는 것이라 할 수 있다.

노무현 대통령은 자신의 정부를 '참여정부'로 규정하고 제16대 대통령 취임사에서 평화와 번영의 동북아시대, 국민과 함께하는 민주주의, 더불어 사는 균형 발전사회의 구현이라는 참여정부 3대 국정목표를 제시하였으며, 2004년 6월 '역동과 기회의 한국 건설'을 참여정부 3대 국정목표를 아우르는 새로운 국정 비전으로 제시하였다.

노무현 정부는 '양김' 이후 지역주의·권위주의적 리더십을 극복하고 새로운 민주적인 국가운영의 원리를 제시하고 실천해나가야 할 정권이었는데, 노무현 대통령은 그러한 올바른 역사의식은 갖고 있었다고 할 수 있다.

3. 추진력(국정수행 능력)

노무현 정부는 국정 핵심과제 중 하나로 국가 균형발전을 위해서 지방분권의 정책을 시행하였다. 참여정부는 수도권 집중에 따른 폐해를 막기 위해서는 국가 균형발전을 추진해야 한다고 주장하였고, 그동안의 국가 균형발전 계획이 수도권 집중을 막을 수 없다고 판단하여 중앙정부를 지방으로 이전하는 계획을 수립하게 되었다. 그리하여 국가 균형발전 특별법, 신행정수도 건설 특별법, 지방분권 특별법으로 국토 균형발전 3대 특별법을 제정하였으며, 이외에도 여러 공공기관의 지방 이전에 따른 혁신 도시계획을 수립하였다.

그리고 최근 개별 법령에 의하여 이루어지는 개별적이고 중복되는 평가를 통합·체계화하고, 각 중앙행정기관들이 수행하는 정책을 스스로 평가하는 자체 평가를 국정평가의 근간으로 하여 자율적인 평가역량을 강화하고자 하였다. 이는 중앙행정기관 등의 공공기관을 포함하여 국정 전반에 걸쳐 통합적인 성과관리체제를 구축하고, 자율적인 평가역량을 강화함으로써 궁극적으로 국정운영의 능률성,

효과성 그리고 책임성을 향상시키고자 하는 목적에서 비롯되었다.

경제성장과 분배의 균형은 정부 내 개혁파에 의해 강조되었으나 언론 및 관료진영의 강력한 공격에 포위되면서 구체적인 정책관철로까지 나아갔다고 보기는 어렵다.

노무현 대통령은 김영삼 정부 및 김대중 정부와 달리 매우 근본적인 접근을 시도하였는데, 노무현 정부 등장 이후 제왕적인 대통령제의 권위주의가 사라지고 절차적 민주주의가 크게 진전하였다고 할 수 있다. 사실 노무현 정부는 정치자금의 부작용에 대해 근본적으로 메스를 가하고, 그 역대 어느 정부와도 달리 정보기구의 정치 사찰을 금지시키며 정당 수장으로서의 공천권을 반납하는 등 견제와 균형의 자유주의적 원리를 일정 정도 실천하였다.

4. 위기대응 능력

노무현 대통령은 분권적 권력통제와 수평적 국가기관 운영 그리고 민주적 의사결정을 통한 위기대응 능력을 발휘하려고 하였으나 위기 발생시 컨트롤 타워 부재로 신속한 상황판단과 의사결정 그리고 적극적인 대응 측면에서 다소 아쉬운 국가 위기대응 능력을 발휘하였다. 상식적인 국가운영의 전략보다는 진정성을 앞세우는 태도 및 정치에 대한 선악 이분법의 원리주의적 대결의식 등으로 국가에 대한 위기대응 능력이 부족하였다고 할 수 있다.

노무현 정부는 야당과의 관계뿐만 아니라 여당과의 관계도 악화시켰는데, 이미 대선 직후인 2002년 12월 22일 23명의 민주당 의원들이 지도부 사퇴와 더불어 동교동계 및 후보단일화협의회에 대한 심판을 주장하면서 당 해체 요구 성명을 발표한 바 있다. 이후 친노(親盧) 신주류그룹이 민주당을 탈당하고 유시민 등의 '개혁국민정당'이 합류함에 따라 새로운 정치, 잘사는 나라, 따뜻한 사회, 한반도 평화 등 기본 노선에서는 민주당과 별반 차이가 없는 '열린우리당'이 개혁과 국민정당화라는 명분으로 2003년 11월 정식으로 출범하게 되었다.

노 대통령 자신은 창당을 주도하지는 않았지만 이들에게 힘과 용기를 주고 또한 신당인 열린우리당에 입당함으로써 이후 열린우리당은 집권당이 되었다. 그리고 총선을 앞두고 열린우리당을 지지한다는 노 대통령의 발언이 발단이 되어 탄핵사태가 발생하게 되는데 노대통령은 취임 1년여 만에 탄핵정국 속에서 치러진 2014년 4·15총선에서 열린우리당이 과반수를 획득, 17대 국회를 장악하였다. 그러면서 노무현 정부는 정치적인 기반을 확보하였으나, 그 후 실시된 각종 재보궐 선거 및 2006년 5월 31일 치러진 지방통합선거에서는 참패를 하였다.

결국 노무현 대통령은 자신의 임기가 끝나기도 전에 열린우리당의 붕괴를 맞게 되었는데 대통령 후보 당내 경선을 앞둔 2007년 1월 측근 의원들이 열린우리당을 탈당하였고, 2월에는 열린우리당 지도부의 요구에 따라서 노무현 대통령도 열린우리당을 탈당하였다.

한편 탈당파들은 8월에 원내의석 85석의 '대통합민주신당'을 창당한데 이어 잔류파 의원 58명이 남아 있던 열린우리당을 흡수하여 143석의 원내 제1당으로 재등장하였다. 그리고 대선 직전에는 구 새천년민주당의 후신인 중도통합민주당과 합당하는 데 합의하였고, 대선 패배 이후에는 이해찬, 유시민, 김두관 등 친노세력이 탈당해 나가자 민주당과 정식으로 합당을 실현하였다.

노무현 대통령은 내재한 분노를 다스릴 절제력이 부족하였다고 할 수 있다. 어느 정부보다도 도덕성을 강조한 노무현 대통령은 퇴임 후 봉하마을로 낙향하여 성공한 전직 대통령이 되기 위해 애를 썼지만 노무현 대통령의 형인 노건평이 세종증권 비리에 연루된 것이 드러나고, 386 측근들과 참모들이 비리혐의로 수감되었다. 그리고 부인과 자녀 등이 금품을 수수한 혐의로 검찰수사를 받게 되고, 그 자신도 검찰에 출두함으로써 역대 전직 대통령으로서는 전두환, 노태우 전 대통령에 이어 3번째로 검찰에 소환조사를 받게 되었다. 그리하여 마지막 자산이었던 도덕성마저 큰 치명상을 입게 되어 2009년 5월 23일 새벽 컴퓨터에 유서를 남기고 봉화산 부엉이 바위에서 투신, 서거하여 삶을 마감하는 선택을 하였다.

5. 통합력(소통)

해방 후 최초로 비기득권·비주류사회 출신으로 대통령이 된 노무현 대통령의 당선에 대해 국민은 주류·기득권 세력의 독과점 시대가 끝나고 세대·계층·이념·지역 간의 권력과 자원의 분권·분산·분점의 시대가 열릴 것으로 기대하였다. 그런데 노무현 정부는 2004년 총선에 승리하기 위해서 기득권층과 서민·서울과 지방·강남과 강북·보수와 진보·주류와 비주류·20%와 80%를 갈라 이들 간의 갈등과 대결을 유도하였다고 할 수 있다. 그리고 자신이 대통령 후보였던 새천년민주당도 쪼개서 코드에 맞는 사람들로 새로운 집권당을 만들었으므로 이념·계층·지역·세대 간 통합력은 결여되었다고 할 수 있다.

노무현 대통령은 자신을 뽑아준 새천년민주당을 공격하고 집권 1년이 못되어 열린우리당을 조직하여 분당했지만 열린우리당이라는 새로운 집권 여당과의 소통도 원만하지 못하였다. 노무현 대통령은 자주 이야기하고 기자회견도 자주 하는 편이었다. 직접토론, 직접대화, 인터넷조회, 화상회의 등 다양한 방식으로 국민과 소통하려 하였지만 그는 토론에서 이기려고 들었지 상대의 말을 경청하려 하지 않았으며, 일방적인 연설과 주입만 있을 뿐이지 그가 열망했던 국민과 대통령 간의 쌍방향 의사소통이나 토의·심의는 없었다고 할 수 있으므로 소통 능력이 결여되었다고 할 수 있다.

노무현 대통령은 국정운영의 효율성을 위해 요구되는 대화와 설득의 리더십을 발휘하기보다는 야당에 대한 공세적인 언행을 많이 함으로써 여야 간 대립과 갈등 및 국민적인 분열에 따른 정치사상 초유의 탄핵사태를 맞이하였다. 그는 정부와 의회 및 여당과 야당 사이의 중재적인 역할을 제대로 못하였으므로 입법적 리더십이 결여되었다고 할 수 있다.

노무현 대통령은 정부부처만 관장하고, 각 부처는 정책을 집행하는 기관으로서 국무총리에게 국무위원을 통괄하도록 하였으며, 당정 분리원칙에 입각하여 당무는 일체 관여하지 않는 분권형 리더십을 보여주었다.

6. 인사 능력

노무현 대통령은 과거 대통령들과는 달리 취임 초기부터 파격적인 인사를 단행했다. 이장 출신의 김두관 전 남해군수와 영화감독 이창동 씨는 쟁쟁한 경쟁 인사들을 따돌리고 각각 참여정부 초대 행정자치부장관 및 문화관광부장관에 발탁되었다. 특히 검사 경력이 없고 사법고시 기수가 낮은 강금실 변호사를 법무부 장관에 임명했다. 노무현 대통령은 첫 내각 인선에서 관행 타파와 서열 파괴를 선보였으며, 또 청와대 비서실에 자신을 열광적으로 지지해온 386세대를 대거 포진시키고 여성장관을 4명이나 기용해 여성을 배려하는 모습을 보여주었다. 그런데 노무현 대통령은 임기 중 측근 중심으로 무리하게 코드인사를 단행했다는 지적이 있다.

대통령의 인사권 행사는 고도의 정치력과 도량이 함께 필요한 민감한 정치행위인데 코드인사란 대통령의 생각이나 이념 및 정책노선이 비슷한 인물을 기용하는 인사를 말하는 것이다. 능력과 도덕성에 하자가 없다면 코드인사라 해서 무조건 나쁘다고 볼 수는 없으나 노무현 대통령은 측근 중심으로 무리하게 코드인사를 단행하고, 일부 신임하는 측근들은 계속 자리만 옮겨가며 어떤 비판을 받더라도 옹호하고 중용하는 회전문인사에 집착했다는 지적이 있다.

7. 국민·국회와 협력

노무현 대통령이 대통령 선거전을 통하여 제시한 궁극적인 가치는 '사람 사는 세상'이었다. 그는 반칙과 특권, 거짓과 기만 그리고 폭력과 횡포가 우리 사회에 난무하고 있다고 규정하고, 상식이 통하고 원칙이 지켜지고 법이 공정하게 집행되는 나라, 즉 국민 모두가 당당하게 자기 삶의 주인이 되는 세상을 이상으로 제시하였으며, 취임 초 '국민이 대통령입니다'라고 표방하고 소외된 계층에 대해서 따뜻한 시선과 배려를 보여준 점은 평가받아 마땅하다. 그러나 국민을 기득권층과 서민·서울과 지방·보수와 진보 등으로 갈라 전체 국민과의 협력을 얻기보다는 갈등과 대결을 조장한 면도 없지 않았다는 지적도 있다.

노무현 대통령은 취임 초에 자신의 취약한 의회기반을 인식하고 이에 적응하는 모습을 보였다. 노무현 대통령은 2013년 1월 전례가 없는 한나라당 당사 방문을 통해서 분점정부의 행정부 출범을 위한 국무총리 임명에 대한 협조를 구하는, 파격적이고 탈권위적인 자세를 보였다. 2003년 2월 26일 한나라당이 국회에서 단독으로 대북송금 특별법안을 통과시키고 민주당 내부에서는 거부권 행사를 해야 한다는 의견이 강했지만 이를 수용하였다. 2003년 5월 초 헌법에 의해 국회의 임명 동의가 요구되지 않았음에도 불구하고 국회 관련법에 의거하여 국정원장 내정자에 대해 인사청문회를 개최하였다.

그런데 노무현 대통령은 정치권보다는 시민사회를 동원하여 국회와 정치권을 우회하거나 압박하고 정치인 비리수사 등으로 정치권에 맞섰다. 그로 인해 노무현 대통령과 국회의 갈등이 대통령 탄핵으로 폭발하였다.

노무현 대통령은 원내 제2당인 새천년민주당 후보로서 제16대 대통령으로 당선되었기 때문에 원내 거대 야당인 한나라당과 매끄럽지 않은 관계가 지속될 것이라 예측되었다. 집권 1년 내내 갈등과 알력이 점차 현실화되면서 장관의 해임 결의안이 국회에서 가결되거나 고위 공직후보자의 임명안이 부결되는 일이 속출하였다. 노무현 대통령은 자신을 뽑아준 새천년민주당을 공격하고 집권 1년이 못되어 열린우리당을 조직하여 분당했지만 열린우리당이라는 새로운 집권 여당과의 소통도 제대로 하지 못하였으므로 국회와의 협력이 부족하였다는 지적이 있다.

제10장

이명박 대통령

이명박 정부가 당면한 시대적 과제는 노무현 정부의 것과 기본적으로 크게 다르지 않았다. 민주화와 양김 이후, 탈냉전과 세계화·정보화의 심화 속에서 정치·경제·사회·문화 등 국가사회의 모든 분야를 한 단계 업그레이드시키고, 한편으로는 북한 핵문제를 해결해가면서 평화통일의 기반을 다지는 것이었다. 다만 이명박 정부는 신보적인 성격을 비교적 강하게 띠었던 노무현 정부의 국가운영상의 실패를 배경으로 등장한 보수적인 성격의 정부라는 점에서 가장 큰 차이가 있었다. 그런 점에서 노 정부의 실패를 반면교사로 삼아 보수적인 가치를 국가운영의 기본으로 하되 균형 잡힌 시각에서 시대적 과제에 접근할 것이 요구되었다.

이명박 후보가 대통령이 될 수 있었던 것은 '비즈니스 프렌들리 정책'을 통해 성장이 일어나고, 그 성장의 누수효과로 중소기업·자영업자·노동자·비정규직·실업자·학생·노인·농민들에게 일자리가 생김으로써 이들의 소득이 늘어날 것이라는 기대를 심어주었기 때문이다. 이명박은 대운하프로젝트·뉴타운프로젝트 등을 통해 강북과 지방의 가난한 국민도 부자로 만들어 주겠다는 토건 포퓰리즘 공약과 신자유주의적 비즈니스 프렌들리 공약 등으로 재벌의 지지를 받아 당선되었다. 그는 신자유주의와 포퓰리즘을 결합하여 대통령이 되었으나, 대통령이 된 후 그에게는 민의와 민심·민성을 경청하는 '피플 프렌들리' 하는 민본주의 실현에는 소홀한 채 '비즈니스 프렌들리' 한 통치만 남았다. 그의 신자유주의적 포퓰리즘에는 정작 포퓰리즘이 실종되어 있다.

또한 포퓰리즘이 실종되었을 뿐만 아니라 정치적 자유가 후퇴하였다. 그 중에서도 이명박 정부 하에서 언론의 자유는 아프리카나 파푸아뉴기니 수준으로 하락하는 수모를 겪었다. 국제언론 NGO인 '국경 없는 기자회'는 2009년 한국의 언론자유 순위를 2008년보다 22위 강등된 파푸아뉴기니 수준의 69위로 발표했고, 2011년 5월 초 '프리덤하우스'는 1990년 이래 처음으로 한국을 '언론 자유국'에서 '부분적으로 자유로운 국가'로 강등시켰다. 언론자유가 이토록 하락한 것은 〈YTN〉 부당 해고사태·〈MBC〉 앵커 교체사태·〈KBS〉의 편향적 보도문제 등 표면적으로 나타나는 언론자유에 대한 침해뿐 아니라 방송과 신문의 겸업을 허용하는 언론법을 통과시켜 거대자본이 지배하는 언론과 언론재벌이 지배하는 방송을 탄생시켰기 때문이다.

그리고 이명박 대통령의 집권 말기에 역대 다른 대통령과 마찬가지로 본인과 가족·친인척·측근들의 비리가 터져 나오는 이유는 그가 한국 CEO의 기업 권력의 사유화 관행과 행태를 대통령직을 수행하면서도 그대로 유지하고 있었기 때문이다.

1. 도덕성

이명박 대통령은 완치가 불가능한 병 '기관지 확장증'으로 신체검사에서 군대를 면제 받았다. 그러나 그의 주변에서 이명박 대통령이 기관지 확장증을 앓고 있었다는 것을 알고 있는 사람은 없었으며, 현대그룹에 입사 후 중동지역에까지 파견되고 장기간 치료를 받은 기록이 없는 점으로 미루어 의혹이 제기되었다(《브레이크뉴스》, 2007년 3월 14일자). 이명박 대통령은 수 백 억 원의 자산을 가지고 있었지만 2000년에서 2002년 동안 월 1만 5천원~2만 3천원의 국민건강보험료를 냈다는 것이 알려져 건강보험료 납부를 회피하고자 편법으로 직장 건강보험에 가입했다는 의혹이 제기되는(《오마이뉴스》, 2007년 7월 20일자) 등 대통령의 정직성에 문제를 제기하는 사람이 많았다.

이명박 대통령은 대통령이 되기 전의 일인 BBK 주가조작 의혹이 제기되었다. 그는 2008년 쇠고기 파동 당시 두 번의 대국민 사과와 세종시 수정안, 동남권신공황 백지화와 관련해 대국민 사과를 한 바 있고, 2012년 2월의 취임 4주년 기자회견에서 측근 비리에 관해

"할 말이 없다"고 사과를 한 바 있다. 더구나 이명박 대통령은 2012년 7월 24일 친형인 이상득 전 의원과 김희중 전 청와대 제1부속실장 등의 저축은행 수뢰혐의 등과 관련해 또 사과를 하였으며, 대통령의 친인척들이 비리에 연루된 사건들로 그의 신뢰성은 크게 상실되었다.

그리고 민주당 문병호 의원은 2012년 7월 24일 오전 '이명박 대통령 내곡동 사저부지 매입의혹 특검법'을 발의(《조세일보》, 2012년 7월 24일)했을 정도로 이명박 대통령의 신뢰성에 문제를 제기하는 사람이 많았다.

2. 시대정신 및 비전

온갖 도덕성 논란에도 불구하고 이명박 대통령이 탄생한 이유는 흠은 좀 있는 것 같아도 능력 있는 지도자를 뽑아야 한다는 시대정신인 '실용'이라고 할 수 있다.

이명박 정부는 선진일류국가 건설을 국가운영의 비전으로 설정하였으며, 이를 달성하기 위한 5대 국정목표(국정지표)로 국민을 섬기는 정부, 활기찬 시장경제, 능동적 복지사회, 인재대국, 성숙한 세계국가 등을 제시하였다.

이명박 정부는 김대중·노무현 정부를 거치면서 국민들의 평등·참여·복지 의식이 확산되고, 이를 지속적인 경제성장 및 국가발전과 연계시키는 선순환의 틀을 구축해야 하는 정권이었다. 그런데 대통령은 그러한 올바른 역사의식을 갖고 있었다고 할 수 있으나 36년 동안 우리나라를 강점하고 교과서를 왜곡하며 아직도 독도를 자기네 땅이라고 우기는 일본과 '한일 군사정보포괄보호협정'을 추진하여 그의 역사의식에 비판적인 사람도 없지 않았다.

3. 추진력(국정수행 능력)

이명박 대통령은 취임 이래 '박정희 대통령 이후 가장 부지런한 대통령'이라는 말을 들을 정도로 열심히 일하여 나름대로 적지 않은 성과를 거두었다는 일각의 평가가 있는 것이 사실이다. 특히 세계 여러 나라 중 가장 먼저 글로벌 금융위기를 극복하였고, 한동안 느슨해졌던 한미동맹을 확고하게 다졌을 뿐만 아니라 G20 가입 및 G20 서울 정상회담을 개최하였으며, 활발한 자원외교와 다양한 해외프로젝트 수주활동을 전개하여 상당한 업적을 거두었다고 스스로 자부하고 있기도 하다.

그러나 한편에서는 '광우병 파동' 그리고 노무현 전 대통령의 비극에 단초를 제공하는 등 민심이반과 국정혼란을 자초하였다는 비판을 받고 있는 것 또한 부인할 수 없는 사실이다. 경제적으로는 '공정사회'를 강조하고 있지만 양극화 현상은 여전히 개선될 전망을 보이지 않고 있는 등 가시적인 성과를 거두지 못하였다. 대북관계에는

'원칙 있는 대북정책'을 표방하였으나 북핵 해결에서는 별다른 진전을 거두지 못하고 있는 가운데, 북한의 극렬한 반발과 도발에 효과적으로 대처하지 못함으로써 안보 불안을 가중시킨 것도 부인할 수 없다. 총체적으로 볼 때 이명박 대통령은 그동안 국가운영에서 적지 않은 시행착오와 혼선을 드러냈다고 할 수 있다. 5대 국정목표(국정지표) 중 국민을 섬기는 정부 부문을 달성하기 위한 세부 국정과제 분야인 지방경찰제 도입·지방행정체제 개편·내실 있는 감사를 통한 투명한 정부·사회갈등 해소와 소통의 수행 정도는 대단히 부족하다고 할 수 있다.

이명박 대통령은 정치개혁에 크게 관심이 없었으며, 대한민국 정부와 그 구성원의 능력·청렴도·직무의 효율성·국민 신뢰도가 국회·정당·국회의원의 그것보다 월등히 높은데도 정부개혁에만 관심을 두고 정치개혁은 관심을 가지지 않았다고 생각하는 사람이 많았다. 이명박 대통령은 여의도 정치에 대한 거부감을 나타내어 정치적인 문제에 있어서 자신만의 생각에 따라 이야기하기에 급급하여 대한민국의 정치민주화가 후퇴하고 있다고 지적하는 사람이 많았다고 할 수 있다.

4. 위기대응 능력

이명박 대통령은 세계 여러 나라 중 가장 먼저 2008년 미국 발 금융위기를 극복하였고, 한동안 느슨해졌던 한미동맹을 확고하게 하였다는 평가도 있다. 그런데 북한이 천안함을 격침시키고 연평도를 포격하여 한반도의 위기상황을 조성했을 때 그가 취한 대응 방안에서는 국가문제에 정통하고 한반도의 미래에 대해 원대한 비전을 가진 지도자의 모습을 찾아 볼 수 없었다고 생각하는 사람이 많았다. 이명박 정부에서 제왕적 대통령 그리고 제왕적 총재라는 3김 시대의 가산제적 정치가 재시도되었다고 하는데, 이는 2008년 총선에서 한나라당의 공천파동은 3김시대로 회귀하려는 친이명박 세력과 그러한 시도에 저항하는 친박근혜 세력 간 갈등에서 비롯된 것이라고 생각하는 사람이 많았다.

어려운 가정환경에서 자수성가한 사람에게 많이 나타나는 성향이지만 아파트 건설, 청계천 복원사업, 버스 전용차선을 비롯한 대중교통체계의 혁신 등과 같이 눈앞에 보이는 성과는 이명박 대통령의 인생을 승승장구하게 만들었다.

이명박 대통령의 독선적인 자기 확신은 지나치리만큼 강하고 그에게 있어 자기 확신에 대한 반대는 모든 것이 위기로 인식되며, 위기는 이겨내야 할 장애물로 생각하고 업무수행을 위해 자기의 관점을 성취하려고 노력하였다. 소통에 문제가 없었던 것은 아니지만 위기를 극복하려는 능동적이고 적극적인 이명박 대통령의 개인적인 용기는 있었다고 생각한다.

5. 통합력(소통)

이명박 대통령은 대통령 자문기구로 사회통합위원회를 설치하여 지역·계층·세대·이념적 갈등을 해결하기 위해 소통, 나아가 '공정사회'를 강조하기도 하였다. 사실 이명박 정부의 경제 정책에는 문제가 적지 않았다. 특히 시장과 경쟁만을 중시한다는 점에서 적지 않은 비판을 받아온 것이 사실이다. 그런 점에서 공정한 분배나 중도 실용을 강조하는 것은 건전하고 상식적인 국가운영의 본령으로 복귀하려 했다는 점에서 다행스러운 점이 아닐 수 없다. 문제는 말로는 이렇게 친서민·동반성장을 주장하지만, 실제 정책에서는 이것이 충분히 반영되어 뚜렷한 성과를 보여주지는 못하고 있었으며, 계층·이념·지역·세대 간 갈등도 상존하였다고 할 수 있다.

이명박 정부의 가장 큰 착각은 연설 내지 홍보를 소통으로 생각했다는 점이다. 지극히 당연한 말이지만 소통에는 상대방이 있고, 그 흐름은 쌍방향이다. 면대면(面對面)이든 매체가 개입하든 메시지 이동의 쌍방향성은 소통의 절대 조건에 가깝다. 이런 조건이라면 연설과 홍보는 소통이라 하기엔 명백한 결격 사유가 있다.

이명박 대통령의 소통력은 어떤 대통령보다도 낮은 수준이었다. 이는 일반국민들의 평가이며, 이처럼 이명박 대통령의 소통력 약화는 이명박 대통령 개인의 성공신화, 즉 자기 확신으로부터 오는 것이기 때문에 소통력 강화를 기대하기는 힘들다고 지적하는 사람이 많았다.

이명박 대통령이 국민과의 소통에 실패한 이유는 실용정부를 내세운 그의 약속과는 달리 소수의 특권층을 위한 인사와 친기업적인 정책만을 계속 내어놓았기 때문이다.

정책을 완성하기 위해서는 입법이 필요한 만큼 대(對)여야 관계를 원만하게 이끌고 열린 마음으로 타협을 이끌어 내는 입법적인 리더십이 대통령에게 필요한데, 이명박 대통령은 기업가적인 리더십은 뛰어난 편이지만 여당 내 야당인 박근혜 전 대표와 야당 등을 상대로 하는 입법적인 리더십이 부족하였다고 비판하는 사람이 많았다.

6. 인사 능력

이명박 대통령이 당선된 후 실시된 인사 조치를 보면 그는 3김 시대 대통령들보다 더한 지연·학연·종교에 기반을 둔 연고주의 인사를 실시했다. 그는 연고주의 인사·위임주의적 통치·인치주의 정당과 같은 전근대적인 유교적 가산주의 전통을 청산하지 못하고 탈근대 시대에 이를 오히려 심화시켰다.

국가권력을 행사하는 인물을 선발하는 기준에서는 권력자와 가치관이나 정치적 입장을 공유하는 것이 중요하다는 점도 전혀 무시할 수는 없지만, 원칙은 어디까지나 전문성과 각계의 신망 등을 고려하여 적재적소에 등용해야 하는 것이다. 그러나 이명박 대통령은 '강부자', '고소영' 'S(서울시)라인' 등 사적 연고에 편중된 인사를 하였다는 비판을 받았다.

이명박 대통령은 사적 연고를 중시하여 너무 좁은 인재풀 속에서 인사를 하였던 바, 노무현 정부의 인사는 '회전문 인사'요, 이명박 정부의 인사는 '호주머니 인사'라는 비판까지 받고 있다고 지적한 사람이 있었다.

7. 국민·국회와 협력

이명박 대통령은 대통령 당선소감에서 국민을 하늘처럼 섬기는 대통령이 되겠다고 다짐하였다. 하지만 그가 섬긴 것은 시장과 기업 그리고 부자였다. 영어몰입교육 파문, 4대강 정비사업 강행, 전형적인 연고주의 인사, 부패한 부자들로 구성된 내각구성은 그의 지지율을 끌어 내렸다. 이명박 정부는 의료보험, 상수도, 고속도로와 같은 국민생활과 직결된 공공부문까지 민영화하려고, 한미동맹의 조기복원을 위해 서둘러 광우병 의심이 있는 미국산 소고기 수입협상을 타결하였다. 이명박 대통령은 소고기 시장 개방이 국가의 이익에 도움이 된다고 판단하여 국민의 정서를 반영하지 않고 결정을 내린 것 같다.

이명박 대통령은 당선 이전부터 '탈(脫)여의도 정치'를 추구하였다. 그러나 이명박 당선자와 제17대 국회 관계는 야당이 된 민주당의 국회 지배에도 불구하고 정부조직 개편, 국무총리 인준과 장관 청문회

진행에 커다란 충돌 없이 진행되었다. 이명박 정부 출범에 대한 민주당의 비교적 유연한 태도는 대선에서의 완패가 큰 영향을 미쳤다. 오히려 이 대통령의 여당인 한나라당에 대한 지도력은 2008년 4월 18대 국회의원 공천과정에서 한나라당 주류에 의한 박근혜 측 인사의 대규모 공천배제로 크게 흔들렸다.

이명박 대통령은 정당이야말로 가장 중요한 국민과의 소통 통로라는 점을 인식하지 못한 채, 여당을 무력화시키고 나아가 국회까지 약화시켰다는 비판도 있었으나, 이명박 대통령은 2012년 7월 2일 제19대 국회 개원식 연설에서 국회와 정부의 협력적 관계가 발전하기를 기대한다고 밝힌 바 있다.

제11장

한국 대통령 선거에서
승리하기 위한 대통령
리더십 덕목

　사회의 모든 부문에는 리더십이 있다. 학교 교실에서부터 대기업에 이르기까지 크고 작은 공동체는 모두 리더십을 필요로 하고 또 실제로 리더십이 있다.

　그러나 국가 리더십은 이런 일반 리더십과는 다른 것이다. 국가가 갖고 있는 특성 때문이다. 국가는 모든 공동체를 포괄하는 정치 공동체로서 합법적 폭력의 독점과 강제력의 행사를 특징으로 한다. 국가가 국민에게 생명(국방 의무)과 재산(납세 의무)을 요구하는 강제력은 공동체 전체를 위한 공공성이 그 정당성을 이루고 있다. 바로 이런 점 때문에 사익을 추구하는 기업의 최고경영자(CEO) 리더십이 이상적인 국가 리더십이 될 수 없다고 본다.

　이렇게 국가를 통치하는 데는 공공성이 생명인 만큼 국정의 최고 책임자는 고도의 윤리의식과 더불어 치국(治國) 솜씨가 뒷받침되지 않으면 안 된다. 올바른 치국 솜씨를 갖추려면 무엇보다도 공동체 전체에 대한 통찰이 필요하다. 국제 경쟁력을 강화하고 경제지표를 철저하게 관리하는 것도 중요하지만, 공동체의 건전성과 연대성을 확보하기 위해서는 그 구성원 들, 특히 사회에서 소외되고 그늘진 계층에 대해서 골고루 따뜻한 관심을 가져야 한다는 것이다. 또한 각 부문 간의 균형과 조화, 단기적인 이익과 장기적인 이익, 즉 현재와 미래적 관점 간의 적절한 조응(照應)도 아주 중요하다. 나아가 국가가 갖고 있는 힘의 사용에서도 절제의 미덕이 필요하다. 특히 대통령은 그 자체가 국가라는 제도의 최고 행위자로서 그 영향이 지대한 만큼, 언행 하나하나에 신중을 기해야 하며, 고도의 품위를 지키지 않으면 안 된다.

한 나라의 정치적 수준은 그 나라의 국민 수준을 넘어설 수 없다. 어느 나라나 국민 수준에 맞는 정부와 지도자를 갖게 마련이다. 그런 점에서 훌륭한 국가 리더십은 결국 훌륭한 팔로어십(followership)에서 나오는 것이라 할 수 있다. 이제는 우리 국민들도 더 이상 사적인 인연이나 지역감정 또는 단순한 응징심리에 따라 우리의 대표를 선택하는 일이 없어야 한다.

한국 대통령은 권력을 바탕으로 군림하는 대통령이 아니라 국민을 위해 봉사하고 헌신하는 대통령이어야 할 것이며, 얼마나 공공성을 갖추었으며, 얼마나 시대정신에 맞는 비전으로 국민들의 자발적인 참여를 끌어내어 국가통치에 필요한 대통령 리더십 덕목을 갖추었는지가 선택의 기준이 되어야 할 것이다. 현재의 한국의 남북분단 상황을 감안하면 대통령의 강력한 리더십도 필요할 수도 있으나, 이념과 갈등으로 편이 갈린 한국은 소통과 통합의 대통령 리더십 덕목이 더욱 절실하다고 할 수 있다.

한국 대통령이 되려는 사람에게 필요한 대통령 리더십 덕목은 다음과 같은 것들을 들 수 있다. 먼저 제2장에서 이론적 검토를 통해 살펴본 것처럼 대통령 리더십 덕목에 관한 고전적인 연구, 최근의 선행연구, 미국 학자들의 연구 및 미국 공영방송 〈C-SPAN〉의 대통령 평가방식에서 공통적으로 많이 나타나고 있는 ① 도덕성, ② 시대정신 및 비전, ③ 추진력, ④ 위기대응 능력, ⑤ 통합력(소통), ⑥ 인사 능력, ⑦ 국민·국회와 협력의 대통령 리더십 덕목을 갖추어야 할 것이다.

그런데 대통령 선거에서 대통령 후보자는 상품이고, 유권자는 소비자라 할 수 있으므로 품질만큼이나 어떻게 포장해서 파는가도 중요하다. 소비자의 취향은 모호하고 까다로워서 이해하기 어려우며, 소비자의 선택이 늘 합리적인 것도 아니기 때문에 품질 좋은 상품이 1위를 한다는 보장도 없다. 시장 점유율 1위만 살아남는 특수한 시장에서는 충성스러운 소비자는 물론이고 변덕 심한 소비자(스윙층 : 동요하는 층)의 마음도 잡아야 하므로 한국 대통령 선거에서 승리하기 위해서는 앞의 7가지 대통령 리더십 덕목 외에도 대통령 후보자의 ⑧ 권력의지(주변 추종자의 헌신에 대한 보증각서요 권력창출의 동력이라 할 수 있으며, 권력에 대한 대통령 후보자 자신의 집착과 염원), ⑨ 전국적인 규모의 핵심지지그룹(예를 들어서 박사모, 문사모, 노사모 등), ⑩ 조직력(보유하고 있는 인력이나 자원 등을 통일적인 체계에 따라 효율적으로 이용하여 최대한의 힘을 발휘할 수 있게 하는 능력)의 대통령 리더십 덕목이 추가되어야 한다고 생각한다.

참고문헌

〈국내 문헌〉

1. 국내 서적

강미은(2008), 《간결하면서도 명쾌한 커뮤니케이션 불변의 법칙》, 원앤원북스.
권기성 외 2인 공저(2012), 《리더십》, 형설출판사.
권기성·최진석 공편저(2000), 《리더십》, 형설출판사.
김규정(1977), 《신행정학 원론》, 법문사.
김길형 옮김(2007), 《한 권으로 읽는 맹자》, 아이템북스.
김석준(2002), 《현대 대통령 연구 I》, 대영문화사.
김영두(2011), 《퇴계 VS 율곡 누가 진정한 정치가인가》, 위즈덤하우스.
김영명(1993), 《한국의 정치 : 쟁점과 과제》, 법문사.
김용욱(2004), 《한국정치론》, 오름.
김인수(2003), 《시대정신과 대통령 리더십》, (주)신원문화사.
김정렴(1997), 《아, 박정희》, 중앙M&B.
김충남(1998), 《성공한 대통령 실패한 대통령》, 둥지.
김택환·전영기(2010), 《다음 대통령》, 금요일.
김호기(2012), 《시대정신과 지식인》, 돌베게.
김호진(1992), 《한국정치체제론》, 박영사.
데이비드 거겐 저, 서율택 역(2002), 《CEO 대통령의 7가지 리더십》, 스테디북.
마키아벨리 저, 강정인 역 (2003), 《로마사논고》, 한길사.
마키아벨리 저, 강정인·문지영 옮김(2003), 《군주론》, 까치.
마키아벨리 저, 권혁역(2005), 《군주론》, 돋을새김.

박세일 외(2002), 《대통령의 성공 조건 I》, 동아시아연구원.

변진흥 편저(2012), 《한눈에 익히는 논어》, 나무의 꿈.

새로운 사람들 편집부(2006 봄호), 《한국의 전망》, 새로운 사람들.

손혁재(2004), 《지역 간·세대 간 갈등해소 국민화합》, 현대사 회문화연구소(통권 251호 : 2004. 3).

신동준(2007), 《공자와 천하를 논하다》, 한길사.

신진(2001), 《남북한의 최고지도자》, 백산서당.

안철현(2009), 《한국현대정치사》, 새로운 사람들.

오원철(2006), 《박정희는 어떻게 경제강국 만들었나》, 동서문화사.

유영익 편(2000), 《이승만 연구 : 독립운동과 대한민국》, 연세대학교 출판부.

윤여준(2011), 《대통령의 자격》, (주)메디치미디어.

이영성·김호기(2007), 《시대정신 대논쟁》, 아르케.

이이저, 최영갑 역(2006), 《성학집요》, 풀빛.

이종수·윤영진 외 공저(2006), 《새행정학》, 대영문화사.

이황 저, 최영갑 역(2009), 《성학십도》, 풀빛.

임혁백(2012), 《어떤 리더십이 선택될 것인가》, 인텔리겐짜야.

정해영(2007), 《한 권으로 끝내는 적중 근현대사》, 문예마당.

주영하(2008), 《조선시대 책의 문화사》, 휴머니스트.

조수익·박승주·함현찬 공역(2011), 《맹자》, 전통문화연구회.

최진(2003), 《대통령 리더십》, 나남.

Kouzes, James M. & Posner, Barry Z. 저, 권기성·최진석 역(1998), 《리더십 도전》, 기한재.

프레드 그린슈타인 저, 김기휘 역(2000), 《위대한 대통령은 무엇이 다른가》, 위즈덤하우스.

플라톤 저, 최현 옮김(1990), 《국가론》, 집문당.

피터 드러커 저, 이동현 옮김(2005), 《피터 드러커 자서전》, 한국경제신문사.

하용출(2003), 《북방정책》, 서울대학교 출판부.

한국정치학회·관훈클럽 편(2007), 《한국의 대통령 리더십과 국가발전》, 인간사랑.

한배호(1994), 《한국정치 변동론》, 법문사.

황주홍·고경민(2002), 《지도자론》, 건국대학교 출판부.

2. 국내논문

곽진영(2003), '대통령 리더십의 성공조건 탐색 : 시간, 제도 속의 자질발현', 〈한국정당학회보〉 제2권 제2호(2003. 9).

김병문(2013), '제왕적 대통령제로부터의 탈피 : 집권 초기 노무현 대통령을 중심으로', 〈한국지방자치연구〉 제14권 제4호(통권 41호).

김병문(2009), '한미의 대통령 연구 비교', 〈한국행정학보〉 제43권 제2호(2009 여름).

김영균(2010), '플라톤의 철인정치론', 〈동서철학연구〉 제58호.

김영완(2004), '플라톤의 국가관에 관한 법철학적 고찰', 석사학위 논문, 광주대 산업대학원.

김용호(1989), '권위주의 리더십과 패권정당운동 : 한국과 멕시코 비교분석', 〈한국정치 세계학술대회〉.

김종해(2012), '이승만 대통령의 하야와 국회처리', 〈국회보〉 통권 545호(2012년 4월).

김주찬·민병익(2003), '수도권과 비수도권의 정보 격차 현황과 정책방향 연구', 〈지방정부연구〉 제7권 제1호(2003 봄).

김혁(2001), '대통령의 리더십과 비서실 조직구조에 관한 연구', 〈한국행정학보〉 제35권 제3호(2001 가을).

김혁·가상준(2005), '대통령의 리더십과 국정운영 : 노무현 대통령의 1년의 평가', 〈한국정당학회보〉 제4권 제1호.

서도식(2011), '대통령(大通領)을 보고 싶다', 〈철학과 현실〉 2011년 봄호(통권 제88호).

성지은·조황희(2005), '대통령과 과학기술 리더십', 〈한국행정학회 춘계학술대회〉.

신진우(2006), '한국 대통령의 리더십에 관한 규범적 연구', 박사학위 논문, 경기대 대학원.

안병만(1992), '역대 통치자의 자질과 정책성향 연구', 〈한국행정학회 춘계학술 심포지엄〉.

안병만(1998), '역대 통치자의 리더십 연구', 〈한국행정학회 춘계학술 심포지엄〉.

오문환(1996), '율곡의 군자관과 그 정치철학적 의미', 〈한국정치학회보〉 30집 2

호 여름.

유영옥(2012), '이승만에 대한 인물과 신화로서의 상징성', 〈한국보훈학회〉 11권 1호.

윤민재(2012), '한국의 대통령 리더십과 통치성, 그리고 정치 사회', 〈민주화운동 기념사업회〉 기억과 전망 겨울호(통권 27호).

이강로(1993), '김영삼의 지도력 유형', 〈한국정치학회보〉 제27집 제2호(상).

이강로(2011), '노무현 대통령과 이명박 대통령의 지도력과 국정운영 비교 : 임기 초 지도력 특성과 국민지지', 〈대한정치학회보〉 18권 1호.

이경선(2008), '대통령 리더십론의 재구성과 대안에 관한 고찰', 석사학위 논문, 성균관대 국가전략대학원.

이대희(2006), '감성적 지성의 지도력에 관한 연구', 〈한국행정학회 춘계학술대회〉.

이종범(1994), '김영삼 대통령의 리더십 특성과 국정관리 유형 : 문민정부 1년의 정 책평가', 〈한국행정학보〉 제28권 제4호.

이종원·김옥일(2007), '정부 조직관리 평가 시스템 개선 방안 연구 : 조직관리 성 과평가 지표를 중심으로', 〈한국행정학회 하계학술대회〉.

이종원(2012), '한국 대통령의 리더십 덕목에 관한 연구', 박사학위 논문, 광운대 대학원.

이현우·이정진(2007), '민주화 이후 대통령 리더십 평가 : 국민설문 평가를 바탕으 로', 〈21세기 정치학회보〉 17권 2호.

임혁백(2008), '선진 한국 정치의 비전과 리더십', 〈한국행정학회 세미나〉.

장성호(1997), '대통령 리더십 유형에 관한 연구─Q방법론을 이용하여', 경주대학교 논문집.

정윤재(2000), '전두환 대통령의 정치리더십 분석', 〈정치정보연구〉 제3권 제1호.

최진(2005), '대통령 리더십과 국정운영 스타일의 심리학적 상관관계', 〈한국정책연 구〉 제5권 제1호(2005. 6).

최진(2009), '대통령 리더십의 획기적 전환부터', 〈국회보〉 통권 508호.

최평길(2005), '정부와 기업 CEO의 Leadership', 〈CEO의 리더십과 정치적 리더십 의 실체적 조명〉, 제2차 한일국제세미나, 새천년민주당 국가전략연구소.

한국선(2007), '아동의 학업부정행위와 도덕성, 부모의 양육태도간의 관계', 박사 학위 논문, 동덕여대 대학원.

한종희·하재룡(2005), '이중적 성찰성과 전략적 선택성의 관점에서 본 국가능력과 정책변화', 〈한국행정학보〉 제39권 제1호.
함성득(1997), '대통령학의 이론적 고찰과 우리의 연구과제', 〈한국행정학보〉 제31
    권 제1호(1997봄).
함성득(2007. 5. 16), '차기 대통령의 덕목과 비전', 〈자유지식인 선언 주최 심포지엄〉.

〈외국 문헌〉

Barber, James(1992), 「The Presidential Character : Predicting Perfor
    mance in the White House, 4th ed.」, Englewood Cliffs, New
    Jersey : Prentice·Hall.
Bass, B. M.(1985), 「Leadership and Per formance Beyond Expectations」,
    New York : Free Press.
Bennis, W. and Nanus, B.(1985), 「Leaders: The Strategies for Taking
    Charge 」, New York : Harper & Row.
Burns, James M.(1978), 「Leadership」, New York : Harper & Row. Daft,
    R. and Noe, R.(2001), 「Organizational Behavior」, Orlando :
    Harcourt College Publishers.
Edward Ⅲ, George C.(1998), 「The Presidency and the Political System」,
    Studying The PresidencyI, in Micahel Nelson ed. Washington
    D.C : A Divison of Congressional Quartely Inc. .
Edwards Ⅲ, George C. and Wayne, Stephen J.(2010), 「Presidential Lea
    dership」, Boston, MA : Wadsworth. Fishbein, M. and Ajzen,
    I.(1975), 「Belief, Attitude, Intention, and Behavior: An Intro
    duction to Theory and Research」, New York : Addison Wesley.
Gergen, David(2000), 「Eyewitness to Power : The Essence of
    Leadership from Nixon to Clinton」, New York : Touchstone.
Greenstein, Fred(2000), 「The Presidential Difference」, New York :
    Free Press.
Hei, Gary., Parker, Tom & Tate, Rick.(1995), 「Leadership and the
    Customer Revolution : The Messy, Unpredicable, and Ines

capably Human Challenge of Making the Rhetoric of Cha
nge a Reality」, New York : Van Nostrand Reinhold.

Hersy, Paul and Blanchard, K. H.(1988), 「Management of Organization
al Behavior, 5th ed.」, Englewood Cliffs : Prentice-HAL Inc. .

Kartz, D. and Kahn, L. R.(1978), 「 Social Psychology of Organization,
2nd ed.」, New York : John Wiley and Sons, Inc.

Kouzes, James M. and Posner, Barry Z.(1995), 「The Leadership
Challenge」, JosseyBass Publishers.

Lussier, Robert N.(1993), 「Human Relations in Organizations : A
Skill-Building Approach」, Richard D. Irwin, Inc.

Machiavelli, Niccolo(1996), 「Discourses on Livy」, Chicago : University
of Chicago Press.

Miller, Nathan(1998), 「Star-Spangled Men : America's Ten Worst
Presidents」, New York : Touchstone.

Montgomery, Cynthia A, & Porter, Michael E.(ed.)(1991), 「Strategy :
Seeking and Securing Competitive Advantage」, Boston :
AHarvard Business Review Book. Northouse, P.G.(2001),
「Leadership : Theory and Practice, 2nd ed.」, London : Sage
Pub. Inc.

Pfiffiner, James(1994), 「The Modern Presidency」, New York : St.
Martin's Press.

Presthus, Robert(1975), 「Public Administration, Six Edition」, New
York : The Ronald Press Company. Roberts, W.(1989), 「 Lea
dership Secrets of Attila the Hun」, London : Bantam.

Simonton, Dean(1987), 「Why Presidents Succeed」, New Haven : Yale
University Press.

Stogdill, R.M.(1974), 「Handbook of Leadership : A Survey of Theory
and Research」, New York : Free Press.

〈신문, 잡지, 인터넷 등 기타자료〉

경향신문(1978. 7. 6).
경향신문(1997. 10. 6).
대전일보(2011. 7. 14).
동아일보(2011. 4. 11).
리디피아 2012년 9월호.
매일경제신문(2012. 1. 1).
브레이크뉴스(2007. 3. 14, 2012. 8. 14).
시사뉴스투데이 2011년 7월호.
시사IN 2012 제263·264 한가위 합병호.
오마이뉴스(2007. 7. 20).
월간조선 1988년 2월호.
월간조선 1988년 7월호.
월간조선 1993 신년호 별책부록.
전수일(1992), '유종해의 행정의 윤리 서평(BOOK REVIEW)'.
조선일보(1994. 3. 10).
조세일보(2012. 7. 24).
중도일보(2011. 2. 25).
중앙뉴스(2001. 8. 24).
중앙일보(2010. 2. 18).
한겨레신문(2011. 6. 13).
The Leadership Hub(2009. 2. 17).
The Wall Street Journal(1981. 1. 6).
국립국어원 표준국어대사전, 검색일 2013. 4. 12.
한국민족문화대백과사전, 검색일 2012. 4. 17.
http://www.britannica.co.kr, 검색일 2012. 6. 14, 2013. 3. 27.
http://www.doopedia.co.kr, 검색일 2012. 6. 23, 2013. 4. 15.
http://gall.dcinside.com/parkjunghee/6197, 검색일 2013. 4. 15.